Kati Breuer

Mit Liedern durch den Winter

Musikalische Aktivitäten und Impulse

Materialien für den Kindergarten

Hase und Igel®

Inhalt

Inhalt

Engel

Wir basteln, kochen und backen

Nikolaus

Wir machen Winterquatsch

Neues Jahr, Fasching ist nah

Vorwort

Singen und tanzen, spielen und darstellen, klingeln und rasseln gehören seit jeher zu den Lieblingsbeschäftigungen von Kindergartenkindern. Mit großer Freude singen sie alte und neue Kinderlieder, bewegen sich im Takt zu Musik von einer CD oder spielen rhythmische Klatsch- und Hüpfspiele. Und obwohl für die Kinder natürlich der Spaß an diesen Tätigkeiten im Vordergrund steht (und auch stehen soll!), so werden Sie sicherlich den Förderaspekt Ihrer musikalischen Arbeit ebenso zu schätzen wissen.

Besonders der Bildungsbereich Sprache wird durch das Singen und rhythmische Sprechen gefördert. Aber auch die Konzentrationsfähigkeit – ich warte und passe gut auf, bis ich an der Reihe bin –, die Merkfähigkeit – ich kann den Text eines Liedes auswendig –, die Körperbeherrschung – ich kann bestimmte Bewegungen zur Musik ausführen – und nicht zuletzt die soziale Entwicklung – ich höre auf meine Mitspieler – werden durch das gemeinsame musikalische Tun positiv beeinflusst.

Durch Lieder, Musikspiele und Klanggeschichten können Sie den Kindern zudem ganz nebenbei Sachwissen zu den unterschiedlichsten Themen vermitteln.

Der vorliegende Band enthält viele neue Winterlieder sowie dazu passende Spiele, Tänze und Vorschläge zur instrumentalen Begleitung. Alle Lieder und Spiele wurden in der Praxis mit Kindergartenkindern erprobt und weiterentwickelt. Sehen Sie diese Angebote aber bitte nicht als fertige „Rezepte" für Ihre Arbeit an, sondern kürzen, erweitern oder verändern Sie sie nach Herzenslust, sodass sie zu den ganz individuellen Bedürfnissen und Fähigkeiten Ihrer Gruppe passen. Vielleicht erfinden Ihre Kinder zu dem einen oder anderen Spiel eine ganz neue, spannende Variante oder Sie dichten gemeinsam eines der Lieder um oder ergänzen es um weitere Strophen. Auch die Wahl der Instrumente können Sie natürlich den Gegebenheiten in Ihrer Einrichtung anpassen.

Jahreszeiten werden von den Kindern ganz unmittelbar erlebt. Das Jahreszeitenlied (S. 6) wurde eigens, wie viele andere Lieder, für diese Reihe komponiert. Die Winterstrophe finden Sie daneben (S. 7) mit eigenem Notensatz.

In den einzelnen Kapiteln finden Sie Instrumentenspiele, Klanggeschichten, Reime, Gestaltungsideen und vieles mehr, unterteilt in winterliche Themen, die Bezug nehmen auf die Lebenswelt der Kinder: Sie machen Winterquatsch und tanzen den Engeltanz, sie entspannen bei adventlicher Stimmung und mit vielen neuen Liedern und Impulsen werden der Nikolaustag, Winterwetter, Tiere im Winter, Neujahr und Fasching oder Karneval zu ganzheitlichen Lernerfahrungen. Das Lied „Was ziehen wir im kalten Winter an?" regt beispielsweise zum Nachdenken über die passende Kleidung an.

Bevor Sie die Materialien direkt einsetzen, möchte ich Ihnen noch ein paar allgemeine Tipps mit auf den Weg geben: Singen Sie neue Lieder möglichst auswendig mit Ihrer Gruppe. Wenn Sie während der Liedeinführung immer wieder ins Buch schauen müssen, können Sie keinen so guten Kontakt zu den Kindern herstellen, wie dies beim auswendigen Singen möglich ist. Zum vorbereitenden Üben können Sie die beiliegende CD verwenden. Die Playbackversionen sollten Sie erst dann einsetzen, wenn die Kinder das neue Lied gut beherrschen, denn solange Sie live singen, können Sie das Tempo und die Tonhöhe variieren, schwierige Stellen wiederholen usw., was zur Musik von einer CD nicht möglich ist.

Zur Liedeinführung habe ich Ihnen zu jedem Lied Vorschläge gemacht. Es ist für die Kinder wesentlich spannender, wenn sie sich neue Texte spielerisch und in kleinen Häppchen erarbeiten, als wenn ihnen gesagt wird: „So, heute wollen wir mal wieder ein neues Lied lernen." Daher ist der Ausgangspunkt für die Liederarbeitung meist der Inhalt. An einigen Stellen finden Sie darüber hinaus Tipps für die Erarbeitung von rhythmisch schwierigeren Stellen, die Sie gesondert üben können.

Musikinstrumente sollten die Kinder von Anfang an richtig, das heißt pfleglich, behandeln. Zu gerne nutzen sie Klingende Stäbe als Fußbank, setzen sich auf eine Trommel oder stecken den Triangelstab in den Mund. Aber Instrumente sind wertvoll und klingen nur dann dauerhaft gut, wenn sie umsichtig behandelt werden. Spielen die Kinder zum ersten Mal damit, so sollten Sie ihnen die richtige Handhabung erklären und sie eine Weile experimentieren lassen. Schon nach kurzer Zeit kennen viele Kinder sich sehr gut damit aus: Metallinstrumente müssen frei schwingen können, also halte ich die Triangel nur am Band fest. Auf der Röhrentrommel kann ich zwei verschiedene Töne erzeugen. Wenn ich den Regenmacher umdrehe, macht er sein charakteristisches Geräusch.

Die hier vorgestellten Klanggeschichten enthalten alle bereits Vorschläge für den Einsatz von Musikinstrumenten. Selbstverständlich brauchen Sie keinen Satz neuer Instrumente zu kaufen, wenn Sie die genannten Instrumente nicht zur Hand haben. Verwenden Sie einfach die Instrumente und Alltagsgegenstände, die Ihnen zur Verfügung stehen. Notfalls kann man sogar auf Pappkartons oder Küchengeräten ganze Klanggeschichten spielen. Oder probieren Sie einmal Varianten aus, bei denen die Kinder die entsprechenden Geräusche mit der Stimme machen. Wenn Ihre Gruppe sehr groß ist, können Sie die Instrumente auch doppelt besetzen.

Einige Kapitel enthalten eine Kinderseite, die der Vertiefung des jeweiligen Themas dient. Mit einer Kopie des entsprechenden Liedes und ergänzt um eine Beschreibung des Erfahrungszuwachses des jeweiligen Kindes, kann diese Seite ggf. im Portfolio abgelegt werden. Auch als Erinnerungsstütze können diese Seiten sinnvoll sein: Da die Kinder noch nicht lesen können, erinnern sie sich vielleicht beim Anblick der selbst gestalteten Schneeflocken an das Schneelied, was mit dem Notenblatt allein nicht möglich wäre.

Die beiliegende CD enthält alle Lieder des Buches inklusive der Playbackversionen. Beim Einspielen und -singen der vielen Lieder haben mich Bennet, Lars, Luisa und Tessa tatkräftig unterstützt. Vielen Dank dafür!

Nun wünsche ich Ihnen viel Freude an der Umsetzung meiner Ideen und einen fröhlich singenden, klingenden Winter in Ihrem Kindergarten.

Kati Breuer

Lösungen

Seite 18

Seite 53

Seite 57

Jahreszeitenlied

Melodie und Text: Kati Breuer

2. Wenn der Grill im Garten steht
und man täglich schwimmen geht,
wenn die Sonne Hitze sendet
und beim Fahrradfahren blendet,
wenn wir ohne Socken laufen,
jeden Tag ein Eis uns kaufen,
ja, dann ist es jedem klar:
Der Sommer ist jetzt da,
der Sommer ist jetzt da!

3. Wenn es kalt und kälter wird
und man ohne Jacke friert,
wenn der Wind gewaltig braust,
pfeifend um die Ecke saust,
wenn die Blätter leise fallen,
Kastanien aufs Pflaster knallen,
ja, dann ist es jedem klar:
Der Herbst, der ist jetzt da,
der Herbst, der ist jetzt da!

4. Wenn es draußen eisig wird
und die Luft vor Kälte klirrt,
wenn wir Schal und Mütze brauchen,
in die kalten Hände hauchen,
wenn es stürmt und endlich schneit
und es kommt die Weihnachtszeit,
ja, dann ist es jedem klar:
Der Winter ist jetzt da,
der Winter ist jetzt da!

5. Mit dem Frühling fängt es an
und dann ist der Sommer dran.
Danach kommt der Herbst mit Wind
und die Winterzeit beginnt.
Durch das ganze Jahr begleiten
uns verschied'ne Jahreszeiten.
Und dann ist es jedem klar:
So geht es durch das Jahr,
so geht es jedes Jahr.

Der Winter ist jetzt da

Melodie und Text: Kati Breuer

Liebe Kinder, es ist Winter

Melodie und Text: Kati Breuer

2. Liebe Kinder, es ist Winter!
Draußen ist es kalt.
Liebe Kinder, es ist Winter!
Weihnachten kommt bald.

3. Liebe Kinder, es ist Winter.
Draußen ist es kalt.
Liebe Kinder, es ist Winter.
Neues Jahr kommt bald.

Liebe Kinder, es ist Winter

Art der Aktivität:
Liedeinführung

Kinder:
ganze Gruppe

Schwierigkeitsgrad:
★ ☆ ☆ ☆ ☆ ☆

Dauer:
10 Min.

Material:
Abbildung einer Winterlandschaft, z. B. ein Wimmelbild

Betrachten Sie mit den Kindern ein Winterbild und lassen Sie sie reihum dazu erzählen. Was ist auf der Abbildung zu sehen? Welche Erfahrungen haben die Kinder selbst schon mit der kalten Jahreszeit gemacht? Wer war schon einmal Ski fahren, wer hat einen eigenen Schlitten?
Singen Sie dann die erste Strophe vor. Die Kinder können die einfache Melodie sicher schnell mitsingen. Noch leichter geht es, wenn der Text mit Bewegungen begleitet wird:

Liebe Kinder, es ist Winter!	*zuerst mit dem einen, dann mit dem anderen Arm eine weite Zeigegeste machen*
Draußen ist es kalt.	*Arme „fröstelnd“ um den Oberkörper legen*
Liebe Kinder, es ist Winter!	*zuerst mit dem einen, dann mit dem anderen Arm eine weite Zeigegeste machen*
Und der Schnee/Weihnachten/ Neues Jahr kommt bald.	*Hand über die Augen legen, suchend in die Ferne schauen*

Es ist Winter

Art der Aktivität:
Instrumentenspiel

Kinder:
ganze Gruppe

Schwierigkeitsgrad:
★ ★ ★ ★ ★ ☆

Dauer:
20 Min.

Material:
zwei Sorten von Rhythmusinstrumenten, deren Klang sich deutlich unterscheidet, z. B. Trommeln und Klanghölzer

Mit zwei Sorten von Instrumenten können die Kinder eine schöne Begleitung zum Lied spielen. Teilen Sie sie dafür in drei Gruppen ein. Eine Gruppe erhält die Instrumente der ersten Sorte, die zweite bekommt die andere Sorte. Die dritte Gruppe übernimmt das Singen.
Üben Sie zunächst mit den Kindern, die Instrumente haben, die Begleitung:
Die erste Gruppe spielt im gleichen Rhythmus wie der Text im Lied gesungen wird: Lie-be Kin-der (Pause)
Die zweite Gruppe „antwortet“ rhythmisch: Es ist Win-ter (Pause)
Dieses Begleitmuster wird im Wechsel ständig wiederholt und auch in den Pausen der Melodie durchgehalten. Anfangs sollten die Kinder die Silben laut mitsprechen, später können sie versuchen, nur noch „im Kopf mitzusprechen“.
Wenn die Begleitung gut klappt, kommt die Sängergruppe hinzu. Zunächst sprechen die Kinder der Sängergruppe den Liedtext leise zur Begleitung, später wird er auch dazu gesungen. Da das gar nicht so einfach ist, weil die Melodie teilweise einem anderen Rhythmus folgt, empfiehlt es sich, dass jede der drei Gruppen von einem Erwachsenen unterstützt wird.

Tipp:
Nutzen Sie zum Üben die Playback-Version des Liedes.

Winterwetter

Art der Aktivität:
Gestalten

Kinder:
3–4

Schwierigkeitsgrad:
★ ☆ ☆ ☆ ☆ ☆

Dauer:
10 Min. + Zeit zum Gefrieren

Material:
flache Kunststoffverpackungen, z. B. von Quark oder Margarine, auch Sandförmchen sind geeignet, ggf. Gefriertruhe, Wolle, Wasser, evtl. Wasserfarbe

Klingendes Eis

Die Kinder gießen in jede Kunststoffform etwas Wasser. Jede Form bekommt außerdem einen Wollfaden (ca. 30 cm) so eingelegt, dass er eine Schlaufe bildet, die über den Rand der Form hinausragt. Die Förmchen werden nun entweder über Nacht ins Freie gestellt (sofern es draußen kalt genug sein sollte) oder aber in der Gefriertruhe eingefroren. Ist das Wasser zu Eis erstarrt, lösen die Kinder es vorsichtig heraus. Die Eisscheiben werden dicht nebeneinander an einen Baum oder Busch gehängt, sodass sie einander berühren können. Beim kleinsten Windhauch erzeugt dieses eisige Windspiel leise, zarte Töne.

Variante:
Vor dem Einfrieren kann das Wasser mit Wasserfarben bunt gefärbt werden.

Art der Aktivität:
Instrumentenspiel

Kinder:
ganze Gruppe

Schwierigkeitsgrad:
★ ★ ★ ☆ ☆ ☆

Dauer:
10 Min.

Material pro Kind:
Rhythmusinstrument

Handschuh, Mütze, Schal

Die Kinder spielen mit ihren Instrumenten gemeinsam einen nicht zu schnellen und einfachen Rhythmus. Am Einfachsten ist das mit regelmäßigen Viertelnoten, die in einem gleichbleibenden Tempo durchgehalten werden sollten. Wenn der Rhythmus gefunden ist, sprechen Sie den Text des Gedichts dazu.

Handschuh, Mütze, Schal,
trag ich jedes Mal,
wenn der Frost so knackt.

Stiefel, Anorak,
ich bin ja auf Zack,
ganz schnell eingepackt.

Skier obenauf,
Kuscheltier noch drauf,
Skisack huckepack

renne ich zur Bahn,
denn wir wollen fahr'n –
Österreich ist weit.

Was ziehen wir im kalten Winter an?

Melodie und Text: Kati Breuer

2. Was ziehen wir, was ziehen wir
im kalten Winter an?
Die dicke Pudelmütze,
den buntgestreiften Wollschal zieh'n wir im Winter an.

3. Was ziehen wir, was ziehen wir
im kalten Winter an?
Die dicke Pudelmütze,
den buntgestreiften Wollschal,
die wasserdichten Handschuh' zieh'n wir im Winter an.

4. Was ziehen wir, was ziehen wir
im kalten Winter an?
Die dicke Pudelmütze,
den buntgestreiften Wollschal,
die wasserdichten Handschuh',
die warme Winterjacke zieh'n wir im Winter an.

5. Was ziehen wir, was ziehen wir
im kalten Winter an?
Die dicke Pudelmütze,
den buntgestreiften Wollschal,
die wasserdichten Handschuh',
die warme Winterjacke,
die dicken Winterstiefel zieh'n wir im Winter an.

Winterwetter

Art der Aktivität:
Liedeinführung

Kinder:
ganze Gruppe

Schwierigkeitsgrad:
★ ★ ★ ☆ ☆ ☆

Dauer:
15 Min.

Material:
–

Was ziehen wir im kalten Winter an?

Wie bei dem bekannten Spiel „Ich packe meinen Koffer“ wird bei diesem Lied mit jeder Strophe ein weiteres winterliches Kleidungsstück ergänzt. Üben Sie dieses Spiel mit den Kindern ein, bevor Sie das Lied vorstellen: „Was ziehen wir im kalten Winter an? Die dicke Pudelmütze zieh’n wir im Winter an.“
Der oder die Nächste wiederholt: „Was ziehen wir im kalten Winter an? Die dicke Pudelmütze …“, und fügt hinzu: „… und den bunt gestreiften Wollschal zieh’n wir im Winter an.“ usw.
Schließlich singen Sie den Kindern das Lied vor und lassen sie dabei mitsingen. Wie zuvor beim Spielen, werden auch beim Singen die Kleidungsstücke nach und nach mit jeder Strophe angefügt, sodass das Lied immer länger wird. Vielleicht möchten die Kinder den Text ja auch pantomimisch unterstützen und die Pudelmütze „aufsetzen“, den Schal „umbinden“ oder die Handschuhe „anziehen“.

Tipp:
Großen Spaß macht es den Kindern, wenn die Erwachsenen auch einmal einen Fehler in dieses Spiel einbauen: „… und die gelbe Badehose zieh’n wir im Winter an.“ Neben viel Gelächter kann sich hier gut ein Gespräch darüber anschließen, welche Kleidung bei welchem Wetter angemessen ist.

Art der Aktivität:
Vorlesegedicht

Kinder:
ganze Gruppe

Schwierigkeitsgrad:
★ ☆ ☆ ☆ ☆ ☆

Dauer:
5 Min.

Material:
–

Kalte Ohren im Winter

Im Winter habe ich kalte Ohren,
es hat über Nacht oft stark gefroren
und meine Nase läuft.

Die Mama bringt mir dann Taschentücher
und auch jede Menge Bilderbücher.
Ich lege mich ins Bett.

Die Mia, mein weißes Stoffkuschelschaf,
brauche ich dann für den Heilungsschlaf.
Bald bin ich wieder fit.

Lesen Sie den Kindern das Gedicht vor und führen Sie anschließend ein Gespräch über Erkältungskrankheiten. Sicher kann jedes Kind über eigene Erfahrungen berichten, gerade im Winter. Ob die Kinder in Ihrer Gruppe sich auch mit Bilderbüchern und Kuscheltier ins Bett legen? Oder haben sie andere Strategien, um rasch wieder gesund zu werden?

Wir ziehen uns warm an

Sprechen Sie den Text der Bewegungsgeschichte und marschieren Sie dabei im Sprechrhythmus auf der Stelle. Die genannten Kleidungsstücke werden pantomimisch an- und am Ende natürlich auch wieder ausgezogen.

Wenn wir im Winter draußen sind,
dann spüren wir den kalten Wind:
Wir frieren, frieren, frieren.
Schnell die warmen Stiefel an!

Wenn wir im Winter draußen sind,
dann spüren wir den kalten Wind:
Wir frieren, frieren, frieren.
Schnell die dicke Jacke an!

Wenn wir im Winter draußen sind,
dann spüren wir den kalten Wind:
Wir frieren, frieren, frieren.
Schnell die warme Mütze auf!

Wenn wir im Winter draußen sind,
dann spüren wir den kalten Wind:
Wir frieren, frieren, frieren.
Schnell die warmen Handschuhe an!

Wenn wir im Winter draußen sind,
dann spüren wir den kalten Wind:
Wir frieren, frieren, frieren.
Schnell ein bisschen warm laufen!

Wenn wir im Winter draußen sind,
dann spüren wir den kalten Wind:
Wir frieren, frieren, frieren.
Schnell nach Hause laufen!

Die Tür aufmachen, Handschuhe aus,
Mütze ab, Jacke aus,
Stiefel aus, schnell aufs Sofa.
Decke nehmen, zudecken.
Aaaah, jetzt ist uns nicht mehr kalt!

Art der Aktivität:
Bewegungsgeschichte

Kinder:
ganze Gruppe

Schwierigkeitsgrad:
★☆☆☆☆☆

Dauer:
10 Min.

Material:
–

Eiszapfen

Die Kinder begleiten das Eiszapfengedicht, indem sie vorsichtig an den Metallstäben der Chimes entlanggleiten. Es sollen nur ganz leise Töne entstehen. Alternativ können Sie auch ein Glockenspiel benutzen, auf dem ein Holzschlägel entlanggleitet, d. h. ein Glissando spielt.

Eiszapfen hängen an Regenrinnen,
sie schimmern bläulich im Licht.
Es ist so kuschelig warm hier drinnen
und frieren müssen wir nicht.

Art der Aktivität:
Instrumentenspiel

Kinder:
ganze Gruppe

Schwierigkeitsgrad:
★☆☆☆☆☆

Dauer:
5 Min.

Material:
Chimes (ersatzweise Glockenspiel)

Schnee

Uns locken die Flocken

Melodie und Text: Kati Breuer

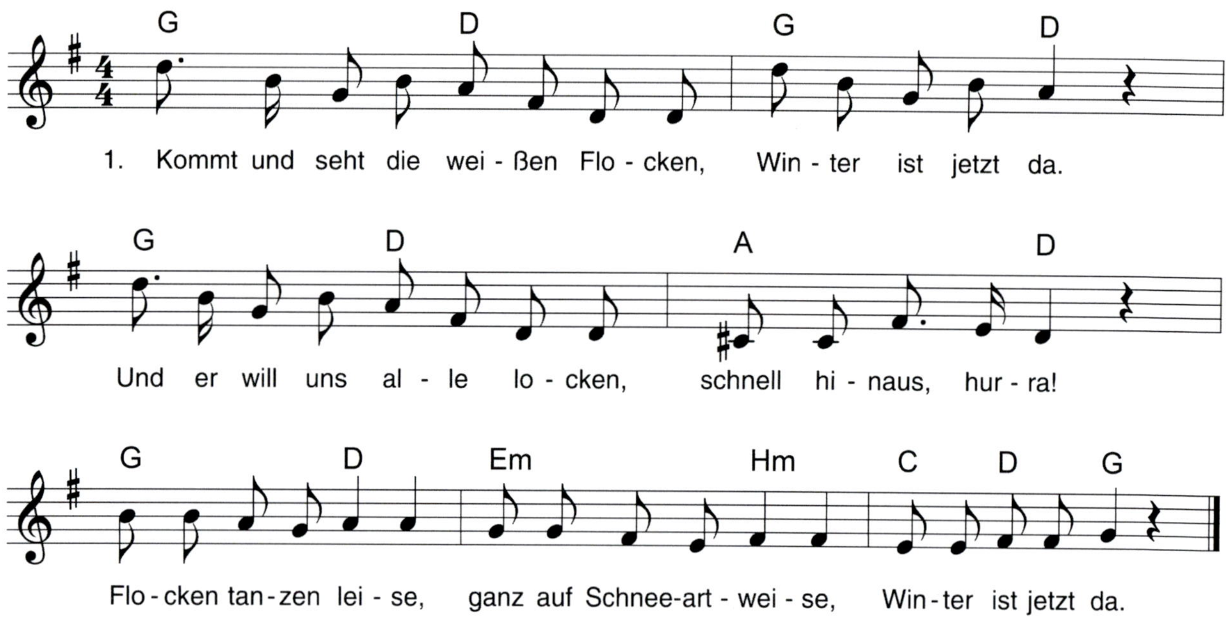

2. Kommt und lasst uns Schlitten fahren,
Winter ist jetzt da!
Flockentanz in großen Scharen
lockt uns raus, hurra!
Flocken tanzen leise,
ganz auf Schneeartweise.
Winter ist jetzt da!

3. Kommt und lasst uns Schneemann bauen,
Winter ist jetzt da!
Er bleibt stehen bis zum Tauen,
sieht gut aus, hurra!
Flocken tanzen leise,
ganz auf Schneeartweise.
Winter ist jetzt da!

Uns locken die Flocken

Beginnen Sie mit dem bei jeder Strophe gleichen Schluss: „Flocken tanzen leise …“, indem Sie den Text zunächst gemeinsam sprechen. Lassen Sie die Kinder dazu auf den Instrumenten leise Töne spielen. Nach und nach gehen Sie zum Singen dieses Strophenteils über, die Kinder werden erfahrungsgemäß bald mitsingen. Wiederholen Sie die Stelle einige Male. Wenn Sie möchten, können Sie die Kinder nach jedem Durchgang die Instrumente tauschen lassen. Schließlich kommen die Anfänge der Strophen dazu. An dieser Stelle pausieren die Instrumente jeweils und setzen erst bei „Flocken tanzen leise …“ wieder ein. Den Wechsel zwischen Stillhalten und Spielen einzuhalten, gelingt nicht allen Kindern auf Anhieb.

Art der Aktivität:
Liedeinführung

Kinder:
ganze Gruppe

Schwierigkeitsgrad:
★★★☆☆

Dauer:
10 Min.

Material:
Glockenspiele, Fingercymbeln, Triangeln

Schneeflockentanz

Jedes Kind formt sich eine Schneeflocke aus einem großen weißen Wattebausch. Zu Musik von einer CD können die Kinder damit frei spielen: Sie werfen z. B. den „Schnee“ hoch und fangen ihn wieder auf, tragen ihn auf dem Fußrücken oder auf der flachen Hand durch den Raum, lassen ihn von einer Hand in die andere fallen usw.

Mit den Wattebäuschen können Sie dann eine Schneeversion des bekannten Spiels „Feuer, Wasser, Sturm“ spielen: Die Kinder laufen dabei mit ihrem „Schnee“ durch den Raum und führen auf Ihre Ansage hin die folgenden Bewegungen aus.

- „Es schneit“: stehen bleiben, die Watte hochwerfen und wieder auffangen
- „Schneesturm“: mit der Watte in der Hand im Hopserlauf (d. h. mit Nachstellschritten) durch den Raum laufen
- „Es taut“: sich ganz klein zusammenkauern und die Watte unter dem Körper verstecken
- „Schneeballschlacht“: sich gegenseitig mit der Watte bewerfen
- „Schlitten fahren“: sich auf die Watte setzen und auf dem Po über den Boden rutschen

Tipps:

- Je schneller der Wechsel zwischen den Bewegungen erfolgt, desto lustiger wird das Spiel.
- Greifen Sie eigene Ideen der Kinder für weitere Schneebegriffe samt passenden Bewegungen auf.

Art der Aktivität:
Bewegungsspiel

Kinder:
ganze Gruppe

Schwierigkeitsgrad:
★★☆☆☆

Dauer:
15 Min.

Material:
Instrumentalmusik von einer CD, Watte

Schwebende Schneeflocken

Art der Aktivität:
Gestalten

Kinder:
3–4

Schwierigkeitsgrad:
★★☆☆☆

Dauer:
10 Min. + Zeit zum Laminieren und Aufhängen

Material:
weißes Papier (z. B. Notizzettel), Schere, Laminiergerät, Locher, weißes Geschenkband

Jedes Kind stellt eine oder mehrere Schneeflocken aus Papier her, indem es dieses mehrmals faltet und dann Muster und Zacken einschneidet. Nach dem Auseinanderfalten werden die Schneeflocken laminiert und am Rand gelocht. Durch das Loch ziehen die Kinder ein weißes Geschenkband, an dem die Schneeflocke am Fenster oder an der Decke aufgehängt wird. Besonders schön sieht es aus, wenn mehrere dieser Schneeflocken untereinanderhängen. Dazu erhalten sie jeweils am oberen und am unteren Rand ein Loch und werden zu senkrechten Ketten verbunden und aufgehängt.

Ein Platz für die Schneeflocke

Art der Aktivität:
Klanggeschichte

Kinder:
ganze Gruppe

Schwierigkeitsgrad:
★★☆☆☆

Dauer:
15 Min.

Material:
unterschiedliche Instrumente, z. B. Glöckchen, Klingende Stäbe, Handtrommel, Holzblocktrommel, Filz- und Holzschlägel

Diese Klanggeschichte eignet sich gut für eine größere Gruppe, weil viele Geräusche auch mit der Stimme nachgeahmt werden. Das können mehrere Kinder gemeinsam übernehmen.
Nach der Verteilung der Instrumente ordnen Sie sie gemeinsam den Ereignissen in der Geschichte zu. Lesen Sie dann den Text vor und lassen Sie die Kinder die entsprechenden Geräusche dazu machen.

Eine kleine weiße Schneeflocke ***Glöckchen***
schwebte vom Himmel herab.
Es war sehr windstill an diesem Tag und so konnte sich die Schneeflocke sehr gut umsehen, bevor sie auf der Erde landete.
Sie schwebte an einem Kirchturm vorbei und bekam einen großen Schrecken, als die Glocken läuteten. ***Klingende Stäbe***
Von hier oben konnte sie die Straße schon sehr gut überblicken,
Autos fuhren vorbei und Motorräder. ***Geräusch mit der Stimme nachahmen***
Plötzlich knallte eine Autotür, ***Trommel***
Bremsen quietschten, ***Geräusch mit der Stimme nachahmen***
fast hätte es einen Unfall gegeben, denn es war glatt an diesem Morgen.
Vor einem Haus fegte ein Mann Schnee. ***Handtrommel kratzen***
Ein Fenster wurde geöffnet ***Geräusch mit der Stimme nachahmen***
und die kleine Schneeflocke hörte,
wie viele Kinder ein Winterlied sangen. ***lalala singen***
Sie war gerade an einem Kindergarten vorbeigetanzt.
Auch Schritte waren zu hören. Die Schneeflocke konnte sehr genau unterscheiden, ob ein Weg vom Schnee geräumt war oder nicht.
Wenn nicht, klangen die Schritte leise, als hätten die Menschen Socken über die Schuhe gezogen. ***Holzblocktrommel mit Filzschlägel***
Wenn der Schnee aber schon geräumt war,
hörten sich die Schritte laut an. ***Holzblocktrommel mit Holzschlägel***
Wo setze ich mich nur hin?, überlegte die kleine Schneeflocke. Ich möchte ja möglichst viel vom Leben der Menschen mitbekommen.
Kannst du der Schneeflocke diese Frage beantworten?

Alle Kinder überlegen sich einen Ort für die Schneeflocke, stellen diesen vor und begleiten sich dabei mit einem selbst gewählten Instrument.

Alle Flocken tanzen

Jedes Kind wählt ein Instrument. Besprechen Sie, dass nur leise, zarte Töne zum Text gespielt werden sollen. Lesen Sie nun das Gedicht vor und lassen Sie die Kinder die Geräusche dazu machen.

Jetzt ist es endlich doch so weit:
Es hat die ganze Zeit geschneit.
Die weißen Flocken schweben sacht,
sie ist so schön, die kalte Pracht,
wenn alle Flocken tanzen.

Ich schaue aus dem Fenster raus
und renne dann ganz schnell hinaus.
Die weißen Flocken schweben sacht,
sie ist so schön, die kalte Pracht,
wenn alle Flocken tanzen.

Beschneit ist jeder Baum und Strauch
und alle grünen Gräser auch.
Die weißen Flocken schweben sacht,
sie ist so schön, die kalte Pracht,
wenn alle Flocken tanzen.

Art der Aktivität:
Klanggedicht

Kinder:
8–10

Schwierigkeitsgrad:
★★☆☆☆

Dauer:
10 Min.

Material:
Instrumente, die lang klingen, z. B. Triangel, Chimes, Glockenspiel

Ich bin der weiße Schnee

Teilen Sie die Kinder in zwei Gruppen ein – die Schneeflocken und die Musiker. Die Schneeflockenkinder erhalten weiße Chiffontücher, die Musikerkinder je ein Instrument. Wenn Sie das Gedicht vorlesen, spielen die Kinder dazu.

Ich bin der weiße Schnee, bedecke Wald und See, die Wiesen und die Pflanzen und ich kann prima tanzen.	*Chiffontücher vorsichtig schwenken, einzelne zarte Töne auf den Instrumenten spielen*
Der Wind macht die Musik, er spielt: „Schneeflöckchen flieg".	*Chiffontücher kräftiger schwenken, mehr und lautere Töne auf den Instrumenten spielen*
Und kommt's mir in den Sinn, setz ich mich einfach hin.	*Chiffontücher fallen lassen, Instrumente verstummen auf „hin"*
Dann ist die Welt bedeckt und unterm Schnee, da steckt manch Tier und manche Pflanze und schaut mir zu beim Tanze.	*Chiffontücher liegen lassen, Instrumente schweigen*

Art der Aktivität:
Instrumentenspiel

Kinder:
8–10

Schwierigkeitsgrad:
★★★☆☆☆

Dauer:
10 Min.

Material:
weiße Chiffontücher, lang klingende Instrumente, z. B. Triangel, Fingercymbeln, Glockenspiel

Name:

Viele verschiedene Schneeflocken

Finde die beiden Schneeflocken, die ganz gleich aussehen, und male sie aus.

Am Vogelhaus

Melodie und Text: Kati Breuer

2. Und diese frechen Spatzen,
die zanken und die schrein,
denn jeder will der Erste
am Futterhäuschen sein.

3. Herrje, ihr kleinen Spatzen,
nun hört doch auf zu schrein!
Die Körner werden sicher
genug für alle sein.

Tiere im Winter

Art der Aktivität:
Liedeinführung

Kinder:
ganze Gruppe

Schwierigkeitsgrad:
★ ☆ ☆ ☆ ☆ ☆

Dauer:
10 Min.

Material:
–

Am Vogelhaus

Singen Sie den Kindern ohne vorherige Erklärung die erste Strophe vor und fragen Sie sie, ob sie ein Häuschen kennen, bei dem Spatzen ein und aus fliegen. Sicherlich kommen die Mädchen und Jungen sofort auf das Vogelhaus. Stellen Sie nun die weiteren Strophen vor. Sie können den Text mit passenden Bewegungen untermalen:

1. Im Garten steht ein Häuschen, da gibt es ganz viel Streit. Es fliegen Spatzen ein und aus, allein und auch zu zweit.	*mit den Händen ein Haus andeuten* *mit den Armen Flugbewegungen machen*
2. Und diese frechen Spatzen, die zanken und die schrein, denn jeder will der Erste am Futterhäuschen sein.	*Drohgebärden machen* *mit den Händen ein Hausdach andeuten*
3. Herrje, ihr kleinen Spatzen, nun hört doch auf zu schrein! Die Körner werden sicher genug für alle sein.	*Arme in die Hüften stützen* *mit dem Zeigefinger „schimpfen"* *pantomimisch Körner streuen* *weite Zeigegeste machen*

Art der Aktivität:
Spielanregung

Kinder:
ganze Gruppe

Schwierigkeitsgrad:
★ ★ ☆ ☆ ☆ ☆

Dauer:
30 Min.

Material:
Tonpapier, Federn, Stoffreste, Korb oder Schüssel mit Popcorn o. Ä. als Vogelfutter, Gymnastikreifen, Klebstoff, Tacker

Das Lied darstellen

Das Lied eignet sich gut zum Darstellen. Je nach Größe der Gruppe sind ein oder mehrere Kinder die Futterspender und die restlichen Kinder die Vögel. Alle Kinder, die die Vögel spielen, stellen sich eine einfache Verkleidung her. Dafür schneiden oder reißen sie sich einige Stoffstreifen für die Flügel zu (ca. 90 cm lang). Die Streifen werden zusammengefasst und so verknotet, dass der Strang an einer Seite eine Schlaufe erhält. Hier steckt das Kind die Hand hindurch: Die Stoffstreifen hängen bei ausgestrecktem Arm gerade herunter. Mit diesen Flügeln kann man prima fliegen. Aus Tonpapier entsteht ein Stirnband, das mit Federn und einem ausgeschnittenen Schnabel beklebt wird.
Die Futterspender erhalten einen Korb oder eine Schüssel voller „Vogelfutter". Als Vogelhaus dient ein auf dem Boden liegender Gymnastikreifen (bei großen Gruppen können auch mehrere Vogelhäuser zur Verfügung stehen). Die Kinder singen das Lied und stellen den Text dar. Am Ende dürfen sie sich natürlich über das „Vogelfutter" hermachen.

Amsel, Drossel, Fink und Star

Sammeln Sie gemeinsam viele Vogelnamen und spielen Sie die Namen rhythmisch auf den Instrumenten.
Vielleicht kennen die Kinder das Lied „Die Vogelhochzeit“ und weitere Vogellieder, die sie jetzt zusammen singen und spielen können.
Nehmen Sie dann ein Vogelbuch und schlagen Sie die einzelnen Vogelarten nach: Welche Vogelarten sind Standvögel, die man auch im Winter bei uns sehen kann? Welche sind Zugvögel, die den Winter im Süden verbringen?
Nennen Sie nun jeweils einen Vogelnamen und alle zusammen spielen dazu auf den Instrumenten, indem Sie rhythmisch die Silben sprechen und dabei auf den Instrumenten entweder spielen „Der-bleibt-hier“ oder „Der-zieht-fort“.

Art der Aktivität:
Instrumentenspiel

Kinder:
8–10

Schwierigkeitsgrad:
★★★☆☆☆

Dauer:
10 Min.

Material:
Vogelbuch oder Bestimmungsseite aus dem Internet

Material pro Kind:
ein kurz klingendes Instrument, z. B. Klanghölzer, Holzblocktrommel, Tamburin

Fettfutter für die Vögel

Fettfutter wird von vielen Vogelarten gerne gefressen und ist sehr leicht selbst herzustellen. Gießen Sie dazu das Sonnenblumenöl in eine Pfanne und erhitzen Sie es leicht. Fügen Sie die Flocken, die Weizenkleie und ggf. die Körner hinzu und braten Sie die Mischung ganz leicht an. Das Erwärmen hat nur zum Ziel, dass die Haferflocken das Öl aufnehmen, die Mischung soll keinesfalls braun werden. Nach dem Abkühlen füllen Sie eine Portion des Fettfutters zum direkten Verfüttern in ein flaches Schälchen und bewahren den Rest luftdicht verpackt im Kühlschrank auf. Es hält sich dort etwa eine Woche, weshalb Sie immer nur kleine Mengen herstellen sollten. Die Schälchen, aus denen die Vögel fressen, sollten so hoch und geschützt aufgestellt werden, dass Katzen sie nicht erreichen können. Reinigen Sie sie unbedingt täglich mit heißem Wasser, damit die Vögel nicht krank werden.

Tipp:
Einmal angefüttert, sollten Sie den Wildvögeln regelmäßig Futter zur Verfügung stellen, solange der Frost anhält und die Schneedecke geschlossen ist.

Art der Aktivität:
Rezept

Kinder:
3–4

Schwierigkeitsgrad:
★★☆☆☆☆

Dauer:
10 Min.

Material:
50 g Vollkornhaferflocken, 50 g Weizenkleie, nach Wunsch etwa 10 gehackte Nüsse und/oder Sonnenblumenkerne, 1 Esslöffel Sonnenblumenöl, Pfanne, Herd, flache Schüsseln

Art der Aktivität:
Klanggeschichte

Kinder:
9

Schwierigkeitsgrad:
★ ★ ★ ☆ ☆ ☆

Dauer:
15 Min.

Material:
neun unterschiedliche Instrumente, Tierkarten (siehe Gestaltungsvorlage S. 23)

Ein Traum vom Zoo

Ordnen Sie gemeinsam mit den Kindern jedem Tier der Geschichte ein eigenes Instrument zu. Die Kinder wählen nun reihum eins der Instrumente aus und begleiten damit jeweils die Worte des entsprechenden Tiers, während Sie die Geschichte vorlesen. Als Hilfe für die Einsätze können Tierkarten dienen (siehe Gestaltungsvorlage S. 23) oder jedes Kind erhält die Abbildung seines Tieres.

Auf die Wochenenden im Advent freuten sich die Tiere im Zoo immer besonders. Sie durften dann nämlich etwas miteinander unternehmen. Dieses Mal machte der Elefant den Vorschlag, doch wieder einmal Verstecken zu spielen.
Die anderen Tiere waren begeistert und überlegten, wo sie sich gut verstecken könnten.
„Wo gehe ich nur so schnell hin?", überlegte der **Löwe** und machte sich ganz klein hinter einem großen Gebüsch.
„Ich schlängele mich unter die Fußmatte", sagte die große **Schlange**, die aus dem Urwald in Afrika stammte.
„Ich fliege nach ganz oben auf den Schornstein", rief der **Papagei**.
„Ich schlüpfe in die Hosentasche des Wärters", machte der **Affe** einen Witz.
„Und ich klettere auf den größten Baum im Zoo, den Mammutbaum", sprach sehr würdevoll der **Elefant**.
„Das ist eine prächtige Idee", murmelte das **Nashorn**. „Das mache ich auch. Die Blätter kitzeln so schön!"
„Mammutbäume waren schon immer meine große Freude", sagte der **Eisbär** und kletterte ebenfalls in den Baum.
„Ich komme auch, ich komme auch", jubelte die **Wüstenspringmaus**.
Sie ging immer genau dorthin, wo auch der Eisbär war, sie hatte sich nämlich vor einer Woche in ihn verliebt.
„Wenn ihr euch alle im Mammutbaum versteckt, fliege ich auch auf einen Ast, denn die grünen Zweige sind eine prima Tarnung für mich", flüsterte der **Steinadler**.
Der Mammutbaum sah prächtig aus mit all den wilden und weniger wilden Tieren – ein richtiger Tierbaum.
„Ein Problem gibt es allerdings", sprach der **Elefant**. Er saß in der Spitze des Mammutbaums. „Wenn wir uns alle hier verstecken, wer soll uns dann suchen?"
„Ganz einfach", schnaubte das **Nashorn**. „Morgen ist Sonntag, da kommen bestimmt viele Besucher. Die können uns suchen!"
„Na, dann mal fröhliches Mammutbaumsitzen", brummte der **Eisbär**.

Gestaltungsvorlage: Tierkarten

Art der Aktivität:
Vorlesegeschichte

Kinder:
ganze Gruppe

Schwierigkeitsgrad:
★ ☆ ☆ ☆ ☆ ☆

Dauer:
5 Min.

Material:
–

Franzi Fledermaus will keinen Winterschlaf halten

„Jetzt machen wir bald Winterschlaf, Franzi“, sagte Mutter Fledermaus zu ihrer Tochter. „Draußen wird es jetzt immer kälter und im Winter finden wir nicht mehr genug zu fressen. Deshalb schlafen wir einfach so lange, bis das Wetter wieder besser wird.“
„Waaas?“, rief Franzi entsetzt. „Ich soll den ganzen Winter lang kopfüber in der Höhle hängen und schlafen? Aber das ist mir viel zu langweilig! Ich will fliegen und spielen und toben und jagen!“
„Ach, Kind“, seufzte Mutter Fledermaus, „du wirst schon sehen …“
Wütend verließ Franzi die Höhle und flog in den Wald.
Winterschlaf? Monatelang nur schlafen? Pah! Sollten das doch die Erwachsenen machen, sie würde wach bleiben, jawohl!
In den nächsten Tagen merkte Franzi, dass sie ungewöhnlich hungrig war.
Sie konnte fressen und fressen und wurde doch nicht richtig satt. Ihren Eltern und Verwandten ging es ganz genauso.
„Wir fressen uns eine Fettschicht an, damit wir den Winterschlaf überstehen“, sagte Franzis Vater.
Da war es schon wieder, dieses blöde Wort: Winterschlaf. Das war doch etwas für alte Leute. Franzi war noch jung, sie war stark und kein bisschen müde.
Sie würde wach bleiben, jawohl!
Drei Tage später, es war inzwischen schrecklich kalt draußen geworden, saß Franzi frierend in der Höhle. Die ganze Familie war da und alle waren furchtbar müde.
„Nun ist der Tag des Winterschlafs gekommen“, sagte Franzis Großvater und hängte sich an seinen Stammplatz an der Decke. „Ich wünsche euch einen guten Schlaf. Wir sehen uns im Frühling!“
Franzi hörte ein leises Schnarchen. Der Großvater schlief tatsächlich schon.
Nein, sie würde den Winterschlaf einfach ausfallen lassen. Sollten doch die anderen alle den Winter verpennen. Sie würde wach bleiben, jawohl!
Eine Fledermaus nach der anderen suchte sich jetzt einen Platz an der Decke.
Von links und rechts, von vorne und hinten aus der Höhle war das Schnarchen nun zu hören.
Manche schnarchten ganz leise, so wie der kleine Ferdinand, Franzis Cousin.
Bei anderen klang das Schnarchen laut und tief, wie bei Onkel Fritz, der in der hintersten Ecke hing.
Franzi merkte, dass sie die letzte wache Fledermaus in der Höhle war. Und das sollte auch so bleiben. Winterschlaf? Pah, darauf hatte sie einfach keine Lust.
Sie würde die Zeit bis zum Frühling schon rumkriegen. Sie würde wach bleiben, jawohl!
Obwohl, wenn sie ehrlich war, ein ganz klein bisschen müde war sie jetzt doch geworden. Und irgendwie war es schon ein bisschen langweilig, so ganz alleine zwischen den schlafenden Fledermäusen herumzufliegen.
Vielleicht sollte sie sich doch einen Moment lang ausruhen. Nur eine kleine Weile lang die Augen schließen. Einen winzigen Moment nur … und dann gleich wieder weiterfliegen …
Ohne es zu merken, hatte Franzi sich an ihrem Lieblingsschlafplatz festgekrallt und die Augen geschlossen. Winterschlaf … darauf hatte sie keine Lust …
Sie würde wach bleiben, jawohl!, dachte Franzi noch – und dann schlief sie ein.
Hört ihr sie schnarchen?

Advent, Advent

Melodie und Text: Kati Breuer

2. Advent, Advent, die zweite Kerze brennt …

3. Advent, Advent, die dritte Kerze brennt …

4. Advent, Advent, die vierte Kerze brennt …

Art der Aktivität:
Liedeinführung

Kinder:
ganze Gruppe

Schwierigkeitsgrad:
★ ☆ ☆ ☆ ☆ ☆

Dauer:
10 Min.

Material:
Adventskranz oder -leuchter mit vier Kerzen, Streichhölzer, Eimer mit Wasser (für den Notfall)

Advent, Advent

Das Lied eignet sich gut als Ritual für den Morgenkreis in der Adventszeit. Stellen Sie den Adventskranz oder -leuchter in die Mitte des Stuhlkreises und zünden Sie die erste Kerze an, während Sie den Kindern die erste Strophe vorsingen. Je nachdem, in welcher Adventswoche Sie sich gerade befinden, verfahren Sie ebenso mit weiteren Kerzen. Bereits nach wenigen Durchgängen singen die Kinder gerne mit.

Variante:
Arbeiten Sie mit älteren Kindern, so können diese vielleicht reihum mithilfe eines langen Streichholzes oder einer kleinen Kerze schon selbst eine Kerze anzünden. Darauf sind sie dann ganz besonders stolz.

Art der Aktivität:
Instrumentenspiel

Kinder:
4

Schwierigkeitsgrad:
★ ★ ☆ ☆ ☆ ☆

Dauer:
5 Min.

Material:
Klingende Stäbe in den Tönen C (tief und hoch), E, G

Advent, Advent, ein Lichtlein brennt

Advent, Advent,
ein Lichtlein brennt.
Erst eins, dann zwei, dann drei, dann vier,
dann steht das Christkind vor der Tür.

Jeweils vier Kinder spielen die einzelnen „Lichtlein", von denen der bekannte Adventsvers spricht. Dafür erhält jedes Kind einen der Klingenden Stäbe, die zunächst der Tonhöhe nach angeordnet werden: Den tiefsten Ton zuerst, dann den nächst höheren usw. Vielleicht finden die Kinder ja sogar selbst heraus, dass es sich beim tiefsten und höchsten Ton um den gleichen Ton handelt, der nur eine (oder mehrere) Oktave(n) auseinanderliegt.
Sind die Klingenden Stäbe sortiert, so setzen sich die Kinder in der entsprechenden Reihenfolge damit auf den Boden. Sprechen Sie nun gemeinsam den Vers. Bei „eins" erklingt das tiefe C, bei „zwei" das C mit dem E zusammen usw. So erfahren die Kinder spielerisch den Aufbau eines Akkords.

Tipp:
Sind keine Klingenden Stäbe vorhanden, so können Sie auch vier Triangeln benutzen. Das Sortieren nach Tonhöhen entfällt dabei.

Klingender Adventskranz

Betrachten Sie mit den Kindern zunächst den Adventskranz und lassen Sie sie beschreiben, womit er dekoriert ist. Ordnen Sie gemeinsam jedem Schmuckstück ein bestimmtes Musikinstrument zu, z. B. Stern = Triangel, Kugel = Rassel, Schleife = Holzblocktrommel.
Jedes Kind wählt nun eins dieser Musikinstrumente aus, dabei können auch mehrere Kinder das gleiche Instrument spielen.
Singen Sie alle gemeinsam ein beliebiges Winter- oder Weihnachtslied und zeigen Sie dabei nacheinander auf die Dekoelemente. Die Liedbegleitung wird jeweils nur von den Kindern mit den zugeordneten Instrumenten übernommen. Bei „Stern" spielen also alle Triangeln, bei „Kugel" die Rasseln usw. Die Kinder üben dabei auf spielerische Weise ihre Konzentrationsfähigkeit, da sie sehr gut aufpassen müssen, um ihren Einsatz nicht zu verpassen.

Variante:
Statt unterschiedlicher Instrumente können den Schmuckelementen auch (Klatsch-)Rhythmen oder Weihnachtslieder zugeordnet werden. Diese Variante eignet sich besonders für größere Gruppen, weil dabei stets alle Kinder beteiligt sind.

Art der Aktivität:
Instrumentenspiel

Kinder:
8–10

Schwierigkeitsgrad:
★★★★☆☆

Dauer:
15 Min.

Material:
ein mit unterschiedlichen Dekoelementen geschmückter Adventskranz oder eine Abbildung davon, Musikinstrumente, z. B. Triangeln, Rasseln, Holzblocktrommeln

Ein Licht geht um

Stellen Sie das Teelicht in die halbe Kokosnussschale und zünden Sie es an. Die Kinder sitzen oder stehen im Kreis und reichen die leuchtende Kokosnussschale vorsichtig von Hand zu Hand weiter. Lassen Sie dazu ruhige Instrumentalmusik laufen oder summen Sie gemeinsam ein Advents- oder Winterlied. Besonders schön wirkt diese Übung, wenn der Raum etwas abgedunkelt ist. Wenn alle Kinder die Kerzenflamme betrachten, stellt sich fast von selbst eine ruhige und entspannende Atmosphäre ein. Die Kinder genießen das in der Regel sehr.

Art der Aktivität:
Entspannung

Kinder:
8–10

Schwierigkeitsgrad:
★★★☆☆☆

Dauer:
10 Min.

Material:
halbe Kokosnussschale, Teelicht, Streichhölzer, Eimer mit Wasser (für den Notfall), CD mit ruhiger Instrumentalmusik

Vier Kerzen

Die erste Kerze, die brennt schnell,	*Daumen strecken, mit der anderen Hand pantomimisch die „Kerze anzünden"*
die zweite Kerze, die brennt hell,	*Zeigefinger strecken, wie oben*
die dritte ist bald angesteckt,	*Mittelfinger strecken, wie oben*
die vierte schnell das Christkind weckt.	*Ringfinger strecken, wie oben*
Plötzlich kommt der kleine Klaus,	*kleinen Finger strecken*
der bläst alle Kerzen aus.	*alle Finger anpusten, Hand zur Faust schließen*

Die schönste Zeit im Jahr

Melodie: überliefert, Text: Kati Breuer

2. Die Kerzen leuchten, Kerzen leuchten,
   Kerzen leuchten hell
   in der Wi-, in der Wa-, in der Weihnachtszeit.
   Weihnachtsmann, komm schnell!

3. Wir singen viel, wir singen viel
   und machen auch Musik
   in der Wi-, in der Wa-, in der Weihnachtszeit,
   komm und sing doch mit.

4. Am Fenster hängt, am Fenster hängt,
   am Fenster hängt ein Stern.
   In der Wi-, in der Wa-, in der Weihnachtszeit
   sehen wir ihn gern.

5. Die schönste Zeit, die schönste Zeit,
   die schönste Zeit im Jahr
   ist die Wi-, ist die Wa-, ist die Weihnachtszeit
   und nun ist sie da.

Die schönste Zeit im Jahr

Die Kinder wählen reihum Instrumente aus und setzen sich damit in den Kreis. Üben Sie mit ihnen zunächst den nicht ganz einfachen Rhythmus „ist die Wi-, ist die Wa-, ist die Weihnachtszeit“, indem Sie die Stelle immer wieder gemeinsam sprechen und dazu auf den Instrumenten spielen.
Vielleicht möchten die Kinder später, wenn sie die kompletten Strophen singen, diese Stelle besonders betonen: Die Instrumente begleiten den Gesang nur bei den Worten „ist die Wi-, ist die Wa-, ist die Weihnachtszeit“. Vermutlich gelingt dies nur den älteren Kindern.

Art der Aktivität:
Liedeinführung

Kinder:
ganze Gruppe

Schwierigkeitsgrad:
★★★★☆☆

Dauer:
15 Min.

Material:
kurz klingende Instrumente, z. B. Klanghölzer, Holzblocktrommeln

Unser Gruppenbilderbuch

Jedes Kind gestaltet eine Seite zum Thema „Die schönste Zeit im Jahr ist die Weihnachtszeit, weil …“. Die Kinder können malen oder Collagen aus alten Zeitschriften anfertigen. Auch ausgedruckte Fotos, die die Kinder bei ihrer Lieblingsbeschäftigung im Advent zeigen, sind denkbar.
Wer möchte, diktiert einem Erwachsenen einen kurzen Text zu seinem Bild. Anschließend werden alle Arbeiten zu einem Gruppenbilderbuch zusammengebunden oder -geheftet.

Art der Aktivität:
Gestalten

Kinder:
3–4

Schwierigkeitsgrad:
★★☆☆☆☆

Dauer:
15 Min.

Material:
Papier und Farbstifte, Schere, alte Zeitschriften, Klebstoff, Locher und Geschenkband oder Bindegerät

Adventsmusik

Sammeln Sie mit den Kindern verschiedene bekannte und neue Winter-, Advents- und Weihnachtslieder, die Sie in der Adventszeit gemeinsam singen wollen. Überlegen Sie sich für jedes Lied ein eigenes Symbol, z. B. eine Glocke für „Kling, Glöckchen, klingelingeling“ oder einen Nikolausstiefel für „Lasst uns froh und munter sein“. Diese Symbole zeichnen Sie selbst oder die Kinder auf je eines der Pappkärtchen. Sie können auch den Titel des entsprechenden Liedes dazuschreiben.
Bewahren Sie die Karten in einem Körbchen auf, sodass Sie sie stets griffbereit haben. Im Morgenkreis oder wann auch immer Sie mit den Kindern gerne singen möchten, holen Sie das Körbchen hervor und lassen ein Kind eine Karte auswählen oder ziehen. Das Lied, das auf der Karte steht, wird nun gemeinsam gesungen und mit Instrumenten begleitet.

Tipp:
Wenn die Kinder Spaß am Ziehen der Karten haben, können Sie gemeinsam noch einen weiteren Satz Karten für die Art der verwendeten Instrumente (alle aus Holz, alle, die rund sind, alle aus Metall, alle mit Schlägel usw.) herstellen. So wird nicht nur das Lied, sondern auch die Art der Begleitinstrumente von einer Karte bestimmt.

Art der Aktivität:
Instrumentenspiel

Kinder:
ganze Gruppe

Schwierigkeitsgrad:
★★★☆☆☆

Dauer:
5 Min.

Material:
verschiedene Musikinstrumente, Pappkärtchen, Farbstifte, Körbchen

Art der Aktivität:
Spielanregung

Kinder:
ganze Gruppe

Schwierigkeitsgrad:
★ ☆ ☆ ☆ ☆ ☆

Dauer:
10 Min.

Vorbereitung:
Adventskalender mit musikalischen Ideen füllen

Material:
Adventskalender nach Wunsch

Klingender Adventskalender

In vielen Kindergärten gibt es Adventskalender für die Kinder. Die Füllung muss nicht aus Süßigkeiten bestehen. Wie wäre es einmal mit einem musikalischen Adventskalender? Jedes Säckchen oder Päckchen enthält eine kleine musikalische Aktivität für die gesamte Gruppe.

Einige Anregungen:

- ein neues Weihnachtslied lernen (z. B. S. 28)
- zu einem bekannten Weihnachtslied einen Tanz erfinden (z. B. S. 36)
- ein Musikinstrument herstellen (z. B. S. 33)
- zu einem Instrumentalstück ein Bild malen
- eine Klanggeschichte spielen (z. B. S. 38)
- mit weihnachtlichem Material (Nüsse, Christbaumkugeln, Tannenzapfen ...) tanzen
- (klassische) Weihnachtsmusik hören
- ein Gedicht vertonen
- ein Weihnachtslied singen und auf Instrumenten begleiten

Die Ideen dürfen sich wiederholen, da jeweils unterschiedliche Lieder gesungen oder Klanggeschichten erzählt werden können. Natürlich kann auch zusätzlich zu dem musikalischen Inhalt jeweils eine kleine Süßigkeit für das betreffende Kind verpackt werden.
Um zu bestimmen, welches Kind das Säckchen oder Päckchen aufmachen darf, eignen sich Abzählverse besonders gut. Abgezählt werden die Kinder, die bisher noch kein Säckchen geöffnet haben. Die Verse lassen sich leicht selbst dichten, Sie können aber auch einfach einen der folgenden verwenden:

Jeden Morgen, selbe Zeit,
sind die Kinder startbereit.
Timo (Name des Kindes) fängt zu zählen an:
Eins, zwei, drei, und du bist dran!

Vier plus vier gleich acht,
alle aufgewacht.
Mal seh'n, wer heut die Schere schwingt,
das Päckchen mit nach Hause bringt.

Piep, piep, piep, die Weihnachtsmaus
wohnt in diesem kleinen Haus.
Der Tag fängt heute prima an,
denn heute ist Franziska (Name des Kindes) dran.

Walnuss und Haselnuss

Melodie und Text: Kati Breuer

Nüsse

Art der Aktivität:
Liedeinführung

Kinder:
ganze Gruppe

Schwierigkeitsgrad:
★ ★ ★ ☆ ☆

Dauer:
15 Min.

Material:
Walnüsse und Haselnüsse, Nussknacker

Achtung:
Erkundigen Sie sich im Vorfeld bei den Eltern, ob Kinder in Ihrer Gruppe auf Nüsse allergisch reagieren.

Walnuss und Haselnuss

Bringen Sie die beiden Nusssorten in die Gruppe mit. Jedes Kind schließt die Augen und bekommt eine Nuss in die ausgestreckten Hände gelegt. Wer kann fühlen, was das ist? Die meisten Kinder erkennen Walnüsse leichter als Haselnüsse. Gemeinsam werden die Nüsse anschließend genau betrachtet, befühlt und beschrieben.
Knacken Sie nun einige Nüsse und lassen Sie die Kinder beide Sorten probieren. Die Schalen werden nach den Sorten sortiert. Nehmen Sie einige Nussschalen in die hohlen Hände und sprechen Sie mehrmals die Textstelle „klipper, klapper, klapp", während Sie damit Geräusche erzeugen. Die Kinder werden Sie vermutlich von selbst nachahmen, wenn nicht, regen Sie sie dazu an.
Fragen Sie die Kinder, wer von ihnen welche Schalensorte in den Händen hält, und teilen Sie sie so in zwei Gruppen ein – die Walnüsse und die Haselnüsse. Sprechen oder singen Sie dann das Lied. Zum Text „klipper, klapper, klapp" spielen die Kinder mit den Nussschalen eine Begleitung: Am Anfang spielen alle zusammen, im zweiten Teil zunächst nur die Walnüsse, dann, dem Text entsprechend, alle. Im dritten Teil spielen schließlich zuerst die Haselnüsse, dann wiederum alle zusammen.

Art der Aktivität:
Fingerspiel/Instrumentenspiel

Kinder:
ganze Gruppe

Schwierigkeitsgrad:
★ ★ ★ ☆ ☆

Dauer:
15 Min.

Material:
verschiedene Nusssorten, z. B. Erdnüsse, Haselnüsse, Walnüsse, Paranüsse, Pekannüsse, fünf verschiedene Holzinstrumente, z. B. Klanghölzer, Holzblocktrommel, Röhrentrommel, Kastagnetten, Rassel

Ich kenne viele Nüsse

Lassen Sie die Kinder die Nüsse nach Sorten sortieren, knacken und davon kosten. Welche schmecken am besten? Welche sind am größten, welche besonders klein? Welche sind ganz hart, welche etwas weicher?

Spielen Sie den Vers zunächst nur als Fingerspiel.

Ich kenne viele Nüsse:

Paranüsse,	*Daumen zeigen*
Haselnüsse,	*Zeigefinger zeigen*
Walnüsse,	*Mittelfinger zeigen*
Nüsse zum Backen.	*Ringfinger zeigen*
Der Kleine darf sie knacken.	*kleinen Finger zeigen, mit beiden Händen einen Nussknacker nachmachen*

Verteilen Sie nun die fünf Instrumente. Die Kinder, die diese spielen, sitzen am besten in einer Reihe nebeneinander. Alle übrigen Kinder spielen wie zuvor das Fingerspiel. Bei jedem Finger, der gezeigt wird, spielt der Reihe nach jeweils eins der Musikinstrumente. Danach darf jedes Instrumentenkind sein Instrument an ein Fingerspielkind weitergeben, bis jedes Kind einmal zu dem Vers musiziert hat.

Eine Nusstrommel bauen

Für eine Nusstrommel wird einfach eine halbe Walnussschale mit der Öffnung nach unten auf eine Streichholzschachtel geklebt. Diese dient zugleich als Griff und als Verstärkung für den Ton. Gespielt wird die kleine Trommel mit einem ebenfalls selbst hergestellten Schlägel. Hierfür bestreichen die Kinder das spitze Ende eines Schaschlikspießes mit ein wenig Klebstoff und schieben eine Holzperle darauf. Sobald der Klebstoff gut getrocknet ist, kann losgetrommelt werden. Falls der Schlägel zu lang ist, kann er am Ende mit der Schere ein wenig gekürzt werden.

Art der Aktivität:
Instrumentenbau

Kinder:
2–3

Schwierigkeitsgrad:
★★☆☆☆☆

Dauer:
10 Min. + Zeit zum Trocknen

Material:
Klebstoff

Material pro Kind:
Streichholzschachtel, halbe Walnussschale, Schaschlikspieß, Holzperle

Nussrhythmen spielen

Die Kinder sitzen im Kreis und halten entweder jedes eine Nusstrommel samt Schlägel oder jeweils eine Walnuss in jeder Hand, mit denen sie durch Aneinanderschlagen Klänge erzeugen können. Geben Sie je nach Alter und Entwicklungsstand Ihrer Gruppe sehr kurze, einfache oder aber etwas längere und schwierigere Rhythmen vor. Die Kinder spielen die unterschiedlichen Rhythmen mit ihren Instrumenten nach. Es hat sich – zumindest anfangs – bewährt, dazu laut rhythmisch zu sprechen.

Hier einige Vorschläge:

Mei-ne Nuss klap-pert leis.

Nuss-kna-cker, Nuss-kna-cker, knack die Nuss.

Knick und knack und knick und knack,
wir klap-pern mit den Nüs-sen.

Varianten:

- Auch die Namen der Kinder lassen sich prima in der „Nusssprache" spielen.
- Wenn die Kinder im rhythmischen Spiel schon ein wenig geübt sind, kann reihum eins von ihnen einen Rhythmus vorgeben, den dann alle nachspielen. Vielleicht schaffen die Kinder das ja sogar, während sie im Raum umhergehen?
- Ein Ratespiel wird es, wenn Sie den Rhythmus eines bekannten Liedes mit den Nussinstrumenten vorspielen, z. B. „Lasst uns froh und munter sein".

Art der Aktivität:
Instrumentenspiel

Kinder:
8–10

Schwierigkeitsgrad:
★★★☆☆☆

Dauer:
10 Min.

Material pro Kind:
eine selbst gebaute Nusstrommel mit Schlägel (siehe oben), ersatzweise zwei Walnüsse

Nüsse

Art der Aktivität:
Sprachspiel

Kinder:
8–10

Schwierigkeitsgrad:
★ ★ ★ ★ ☆

Dauer:
10 Min.

Material:
–

Nussiger Sprechkanon

Sprechen Sie mit den Kindern betont rhythmisch folgenden Vers mit Nussnamen:

Walnuss, Hasel-, Pekannuss,
Erdnuss, Macadamia.

Sofort nach dem letzten Wort beginnen Sie wieder von vorne und wiederholen das Ganze mehrmals. Steigern Sie nach und nach das Tempo und werden Sie wieder langsamer, sprechen Sie den Vers mal laut, mal leise, mit hoher Stimme oder mit ganz tiefer.
Wenn die Kinder den Text gut beherrschen, teilen Sie sie in zwei Gruppen auf. Jede Gruppe sollte von einem Erwachsenen unterstützt werden, denn jetzt wird aus dem Vers ein Kanon. Gruppe eins beginnt und sobald sie „Hasel-“ gesagt hat, setzt die zweite Gruppe von vorne ein.
Vielleicht klappt es sogar mit drei Gruppen?

Art der Aktivität:
Gestalten

Kinder:
3–4

Schwierigkeitsgrad:
★ ☆ ☆ ☆ ☆

Dauer:
15 Min. + Zeit zum Trocknen

Material:
viele halbe Nussschalen, Klebstoff oder Heißkleber

Material pro Kind:
feste Pappe

Tastbilder aus Nüssen

Aus halben Nussschalen können die Kinder großformatige Tastbilder herstellen. Sie ordnen dafür die Nussschalen mit der Öffnung nach unten zunächst probehalber auf einem Stück fester Pappe an. Es können Zahlen, Buchstaben, Muster oder Mandalas entstehen. Wenn die Kinder mit ihren Bildern zufrieden sind, kleben sie die Schalen auf der Pappe fest. Nach dem Trocknen werden die Arbeiten auf den Tisch gelegt oder an der Wand angebracht. Hier kann man nun mit den Fingern auf dem Bild „spazieren gehen“. Am besten geht das mit geschlossenen Augen. Wenn die Tastbilder konkrete Figuren oder Zahlen und Buchstaben darstellen, können die Kinder auch versuchen, durch Tasten das Bild eines anderen Kindes zu erkennen.

Art der Aktivität:
Rezept

Kinder:
2–3

Schwierigkeitsgrad:
★ ☆ ☆ ☆ ☆

Dauer:
5 Min.

Vorbereitung:
Schokolade im Wasserbad oder in der Mikrowelle schmelzen

Material:
Walnusshälften, Marzipanrohmasse, Schaschlikspieße, flüssige Schokolade, Topf, Teller

Walnussspieße

Die Kinder „kleben“ je zwei Nusshälften mit Marzipanrohmasse zusammen und stecken einen Schaschlikspieß in die Masse. Die Nuss wird nun am Spieß vorsichtig in die flüssige Schokolade getaucht und zum Trocknen auf einen Teller gelegt. Sobald die Spieße getrocknet sind, können sie von allen gemeinsam verspeist werden.

Tipp:
Solche Spieße eignen sich hervorragend als kleine Leckerei zum Verschenken. Dafür werden sie am besten einzeln in durchsichtige Folie eingepackt.

Engeltanz

Melodie und Text: Kati Breuer

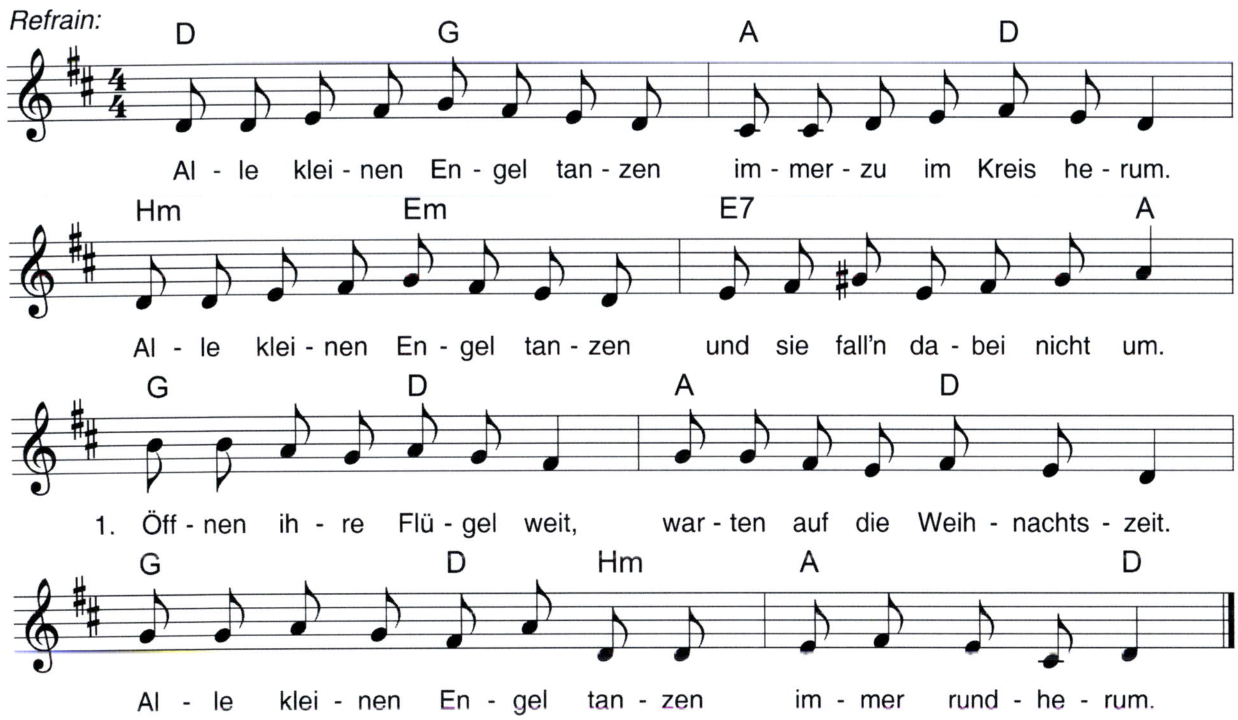

2. Öffnen ihre Flügel weit,
machen sich fürs Fest bereit.
Alle kleinen Engel tanzen
immer rundherum.

3. Öffnen ihre Flügel weit,
Weihnachten ist nicht mehr weit.
Alle kleinen Engel tanzen
immer rundherum.

Art der Aktivität:
Liedeinführung/Tanz

Kinder:
ganze Gruppe

Schwierigkeitsgrad:
★ ★ ☆ ☆ ☆

Dauer:
15 Min.

Material:
Glitter in einer kleinen Streudose (am besten mit Löchern im Deckel wie bei einem Salzstreuer), evtl. Melodieinstrument oder Playbackversion des Engeltanzes von CD (Track 24)

Engeltanz

Stellen Sie den Kindern zuerst folgendes Rätsel:

Wer bin ich?
Ich hab ein lachendes Gesicht,
ich habe goldne Flügel,
mein Haar ist weich wie Seide,
ich bin bestimmt kein Bengel,
ich bin ein schöner …

(Lösung: Engel)

„Verzaubern" Sie nun jedes Kind mithilfe einer Prise „Engelsstaub" in einen Engel, indem Sie etwas Glitter auf die ausgestreckte Hand streuen. Lassen Sie die „Engel" ein wenig durch den Raum „fliegen". Vielleicht mag sich auch jedes Kind einen engelhaften Namen ausdenken, z. B. Goldlöckchen, Glitzerflügel oder Himmelsstürmer. Wenn die Kinder daran sichtlich Spaß haben, sollten Sie die Namen aufschreiben, damit man sie nicht wieder vergisst. Möglicherweise möchten sich die Kinder sogar Namensschilder mit ihrem Engelnamen herstellen.
Summen Sie die Melodie des Engeltanzes oder spielen Sie sie auf einem Melodieinstrument vor, während die Kinder wie fliegende Engel durch den Raum laufen. Sie können natürlich auch die Playbackversion von der CD abspielen.
Der Tanz zum Lied wird schließlich am besten direkt über die passenden Bewegungen erlernt. Als Ausgangsstellung bilden die Kinder einen Kreis und fassen sich an den Händen. Der Text kann zunächst langsam gesprochen werden, später wird er dann gesungen.

Alle kleinen Engel tanzen immerzu im Kreis herum.	*im Uhrzeigersinn im Kreis gehen*
Alle kleinen Engel tanzen und sie fall'n dabei nicht um.	*gegen den Uhrzeigersinn im Kreis gehen*
Öffnen ihre Flügel weit,	*stehen bleiben, Handfassung lösen und beide Arme ausbreiten (Vorsicht, der Nachbar soll keinen „Flügel" abbekommen!)*
warten auf die Weihnachtszeit.	*die Arme wie Flügel auf- und abbewegen*
Alle kleinen Engel tanzen immer rundherum.	*das Nachbarkind einhaken und sich mit ihm im Kreis drehen.*

Engelsflügel

Die Kinder knicken den Tonkarton an der Längsseite in der Mitte und zeichnen eine breite, halbe Herzform an die Kante, sie sollte ungefähr so groß sein, dass sie fast den gesamten Tonkarton ausfüllt. Die Form wird ausgeschnitten und anschließend aufgeklappt.

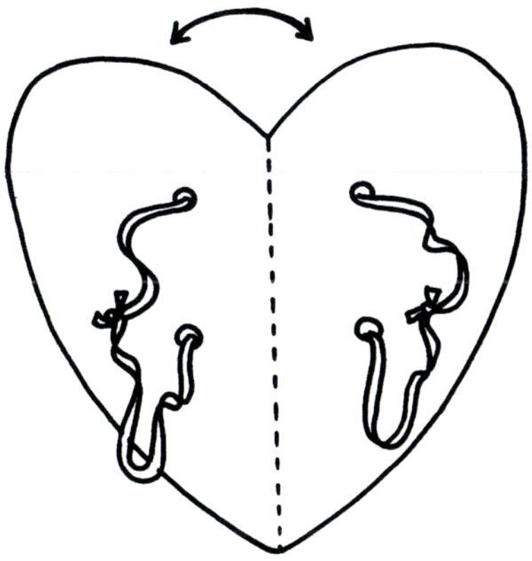

Falls gewünscht, können die Kinder ihre Flügel bemalen oder bekleben, aber auch einfach weiß sehen sie hübsch aus.
Mit etwas Hilfe kann dann jedes Kind vorsichtig an beiden Flügelinnenseiten mit einer spitzen Schere je zwei Löcher übereinander in den Karton bohren, durch die je ein Stück Wäschegummi gezogen und verknotet wird. Wie Hosenträger können die Kinder diese Gummibänder über die Schultern streifen und so die Flügel auf dem Rücken tragen.
Wenn die Kinder den Engeltanz (S. 35/36) mit aufgesetzten Flügeln singen und spielen, kann sich die Gruppe für die Stelle „Öffnen ihre Flügel weit …" eine neue Bewegung überlegen, da die Pappflügel ja bereits geöffnet sind: Die Kinder können an dieser Stelle z. B. den Kreis öffnen, indem sie die Handfassung lösen und einen großen Schritt nach hinten machen, sodass sich der Kreis deutlich vergrößert. In der nächsten Zeile tanzt nun jeder Engel auf der Stelle bis, wie gehabt, das Nachbarkind am Schluss zum Tanzen eingehakt wird.

Art der Aktivität:
Gestalten

Kinder:
2–3

Schwierigkeitsgrad:
★★★☆☆☆

Dauer:
15 Min.

Material:
weißer Tonkarton DIN A3, Bleistift, spitze Schere, Wäschegummi, evtl. Material zum Verzieren, z. B. weiße Federn, Glitter oder goldene Farbe

Engelfotos

Wenn jedes Kind eigene Engelsflügel hat, bietet sich ein Fototermin an, bei dem Sie ein Kind nach dem anderen mit seinen Flügeln fotografieren. Suchen Sie gemeinsam einen passenden Hintergrund für das Bild aus. Vielleicht gibt es ja in Ihrer Einrichtung einen Weihnachtsbaum im Flur oder einen großen Adventskranz? Natürlich lässt sich auch eine Wand mit aufgeklebten Sternen oder farbigen Tüchern in einen ansprechenden Hintergrund verwandeln.
Fotografieren Sie nun nacheinander die Kinder im Engelskostüm. Vielleicht gibt es auch noch eine „himmlische" Gruppenaufnahme?

Variante:
Auf ähnliche Weise können die Kinder mit einem Stern oder einer Kerze in der Hand fotografiert werden. Ein schönes Motiv ist auch das Spielen im Schnee.

Tipps:
- Mit den ausgedruckten Bildern und farbigem Tonpapier (DIN A5) können hübsche Weihnachtskarten gestaltet werden. Dafür falten die Kinder das Tonpapier auf der Längsseite in der Mitte, kleben außen ein ausgedrucktes Foto auf und verzieren die Karte nach eigenen Vorstellungen mit Glitter, Aufklebern usw.
- Auch für das Portfolio der Kinder sind die Fotos eine Bereicherung.

Art der Aktivität:
Gestalten

Kinder:
1

Schwierigkeitsgrad:
★☆☆☆☆☆

Dauer:
5 Min.

Material:
selbst hergestellte Engelsflügel, evtl. zusätzliche Verkleidungen, z. B. weißes Hemd in Erwachsenengröße, Fotoapparat, Drucker, evtl. farbiges Tonpapier, Glitter, Weihnachtsaufkleber usw.

Engel

Art der Aktivität:
Klanggeschichte

Kinder:
8–10

Schwierigkeitsgrad:
★★★★★☆

Dauer:
15 Min.

Material:
Instrumente für den „kleinen Engel“ (z. B. Fingercymbeln), den „großen Engel“ (z. B. Glockenspiele), den „Regen“ (z. B. Regenmacher) und den „Wind“ (z. B. Heulschläuche)

Weihnachtsfeier im Kindergarten

Verteilen Sie an jedes Kind ein Instrument und erklären Sie, welches Wort damit jeweils verklanglicht wird. Sobald das entsprechende Wort in der Geschichte auftaucht, spielen die Kinder das dazugehörige Instrument. Sprechen Sie die Signalwörter jeweils sehr betont und machen Sie danach eine kleine Pause, damit die Kinder ausreichend Zeit zum Spielen haben.

Im Wolkenschloss saß ein **kleiner Engel** auf einem Wolkensessel. Er langweilte sich und ließ die Beine baumeln.
„Hast du nichts zu tun?“, fragte ein **großer Engel**, der gerade vorbeikam.
„Doch!“, antwortete der **kleine Engel**. „Ich mache nur eine kurze Pause. Schließlich ist doch bald Weihnachten.“
„Das ist eine prima Idee“, sagte der **große Engel** und setzte sich ebenfalls hin.
„Riechst du auch, was da von der Erde heraufströmt?“, fragte der **große Engel**. „Das ist Weihnachtsduft.“
„Es riecht nach Zimt und süßen Pfefferkuchen und nach Tannenzweigen“, antwortete der **kleine Engel**. „Ich liebe diesen Duft.“
Da begann es plötzlich zu **regnen**. Der **große Engel** und der **kleine Engel** kuschelten sich ganz dicht aneinander.
Zum **Regen** kam auch noch ein leichter **Wind**. Das gefiel den beiden. Sie wiegten sich hin und her, hin und her – der **kleine Engel** und der **große Engel**.
„Oh, schau mal, da unten!“, rief plötzlich der kleine Engel und zeigte durch den **Regen**.
Der **große Engel** wischte sich den **Regen** von den Flügeln und da sah er es auch: Viele Kinder waren mit ihren Eltern auf dem Weg zum Kindergarten.
„Die haben alle dicke Jacken an, damit sie den **Wind** und den **Regen** nicht so spüren. Das ist schlau“, meinte der **kleine Engel**.
„Willkommen zur Weihnachtsfeier, ihr lieben Kinder und Eltern!“, rief der **große Engel** sehr laut.
Doch leider hörte ihn niemand. Der **Regen** rauschte zu laut und der **Wind** wehte zu stark in den kahlen Ästen.
„Wir wünschen euch allen viel Freude an diesem Nachmittag!“, säuselten **beide Engel** von ihrem Wolkenschloss herab. Sie kuschelten sich ganz dicht aneinander und wiegten sich weiter im **Regen** und im **Wind**.
Sie hörten die Erzieherin sagen: „Liebe Kinder! Wie schön, dass ihr mit euren Eltern gekommen seid. Ich freue mich auf einen schönen weihnachtlichen Nachmittag mit **kleinen Engeln** und **großen Engeln**, mit Weihnachtsduft und vielleicht auch mit ein wenig **Regen** und **Wind**.“
Beide Engel im Wolkenschloss schauten sich sehr verwundert an.
„Das klingt ja gerade so, als hätten wir es ihr vorgesagt“, rief der **große Engel**.
„Vielleicht sind Erzieherinnen ja auch Engel. Wer weiß?“, antwortete der **kleine Engel** und schaukelte wieder mit den Beinen.

Tipp:
Die Geschichte kann auch ohne Instrumente als Bewegungsgeschichte umgesetzt werden und eignet sich dann besonders gut für eine große Gruppe.
- kleiner Engel: ducken und sich ganz klein machen
- großer Engel: Arme nach oben strecken und sich ganz groß machen
- Regen: mit zappelnden Fingern Regentropfen andeuten
- Wind: kräftig pusten

Einen Engel drucken

Art der Aktivität: Gestalten

Kinder: 1–2

Schwierigkeitsgrad: ★★☆☆☆☆

Dauer: 15 Min. + Zeit zum Trocknen

Material: Papier, Fingerfarben, Pinsel, Farbstifte

Sowohl der Körper als auch die beiden Flügel des Engels werden aus Handabdrücken hergestellt: Zuerst drucken die Kinder für den Körper eine bemalte Handfläche mit geschlossenen Fingern in die Mitte des Papiers. Die Fingerspitzen sollen später nach unten zeigen, leichter geht es aber, wenn man die Hand zunächst ganz normal mit den Fingern nach oben hält und das Papier anschließend umdreht.
Die Hand gründlich abwaschen, mit einer anderen Farbe bemalen und dann damit den ersten Flügel leicht schräg so neben den Körper drucken, dass sich der Daumen direkt neben dem Körper befindet. Das Gleiche auf der anderen Seite des Engelskörpers mit der anderen Hand wiederholen. Ist der Engel getrocknet, malen die Kinder noch den Kopf dazu.

Engelsharfen spielen

Art der Aktivität: Instrumentenspiel

Kinder: 8–10

Schwierigkeitsgrad: ★☆☆☆☆☆

Dauer: 10 Min.

Material: Abbildungen von Engeln, die Harfe spielen (oder entsprechende Figuren), Saiteninstrumente (Gitarre, Harfe, Eierschneider)

Engel werden häufig musizierend dargestellt und als Instrument halten sie oft eine Harfe in den Händen. Zeigen Sie den Kindern solche Bilder oder bringen Sie Engelsfiguren mit in die Gruppe und sprechen Sie über das Instrument. Vielleicht ist es ja sogar möglich, sich die Klänge einer Harfe einmal gemeinsam anzuhören.
Tragen Sie Instrumente und andere Gegenstände zusammen, die wie eine Engelsharfe Saiten haben, und lassen Sie die Kinder damit experimentieren. Oft sind sie besonders fasziniert von den feinen Geräuschen, die ein Eierschneider macht, wenn man mit dem Finger über die Drähte streicht.
Verstärkt werden können die Töne, indem man den Eierschneider auf eine Schachtel oder einen Karton stellt. In diesem Resonanzkörper kann der Schall gut schwingen.

Engelsharfe

Art der Aktivität: Gestalten

Kinder: 1–2

Schwierigkeitsgrad: ★★★★☆☆

Dauer: 15 Min.

Material: festes Papier oder Tonpapier, spitze Schere, Hutgummi, evtl. Material zum Verzieren, z. B. goldene Wasserfarbe, Weihnachtsaufkleber, Glitter, Klebstoff, Gestaltungsvorlage (S. 40)

Fotokopieren Sie die Gestaltungsvorlage für jedes Kind auf festes Papier. Ist dies nicht möglich, kleben die Kinder die komplette Seite auf ein Stück Tonpapier.
Die Harfe wird nun ausgeschnitten, falls nötig unterstützen Sie die Kinder beim inneren Bereich dabei. Wer möchte, bemalt oder beklebt seine Harfe mit weihnachtlichen Motiven oder mit Glitter. Mit einer spitzen Schere stechen die Kinder vorsichtig oben und unten an den markierten Punkten Löcher in den Rahmen und ziehen Hutgummi als Saiten hindurch.
Die Gummibänder werden auf der Rückseite jeweils verknotet.
Dieses Instrument dient vor allem der Dekoration, z. B. als Requisit beim Engelstanz (S. 36). Laute Töne kann es wegen des fehlenden Resonanzkörpers nicht erzeugen.

Gestaltungsvorlage: Engelsharfe

✂

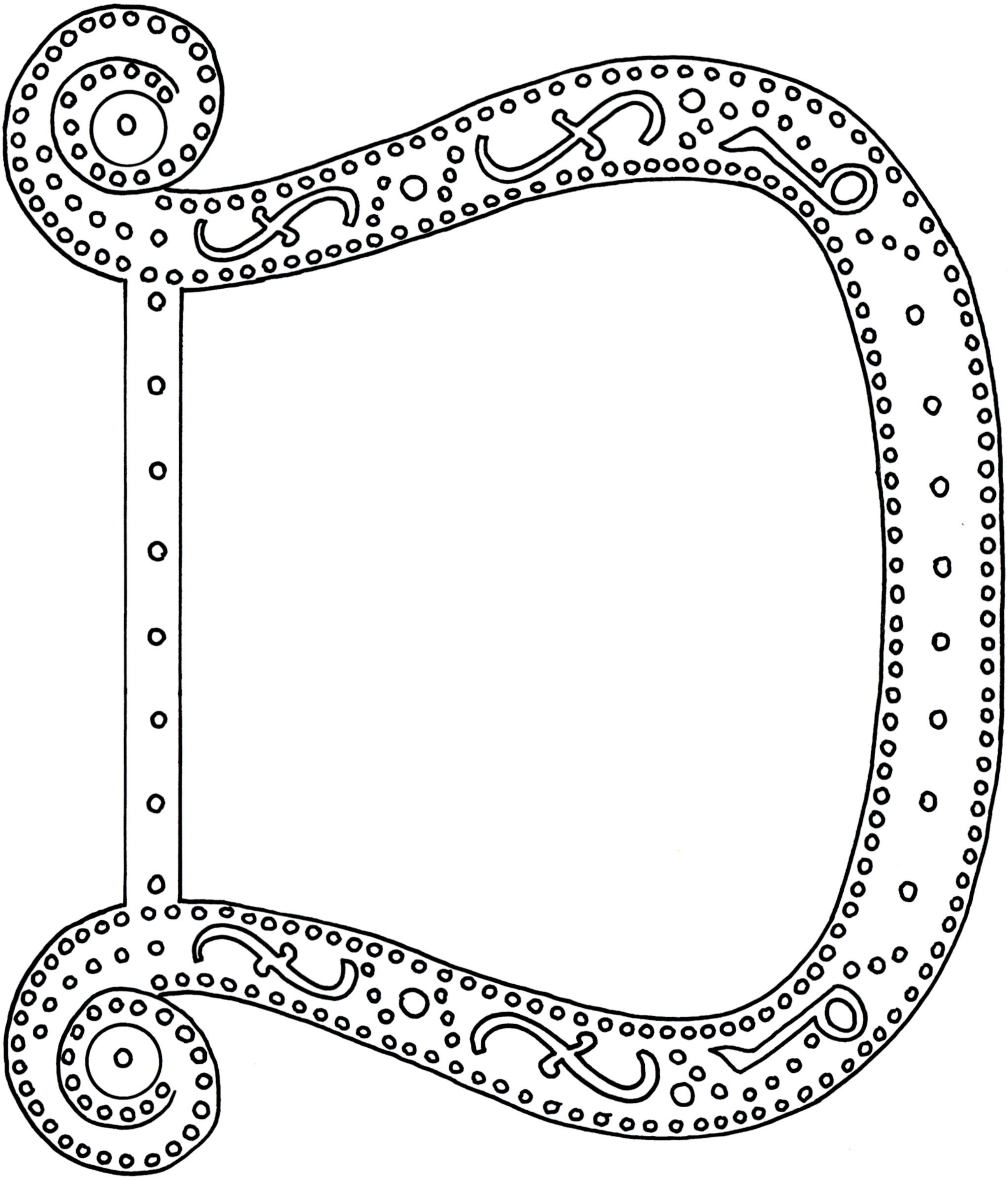

In meinem kleinen Apfel

Melodie nach W. A. Mozart, Text: überliefert

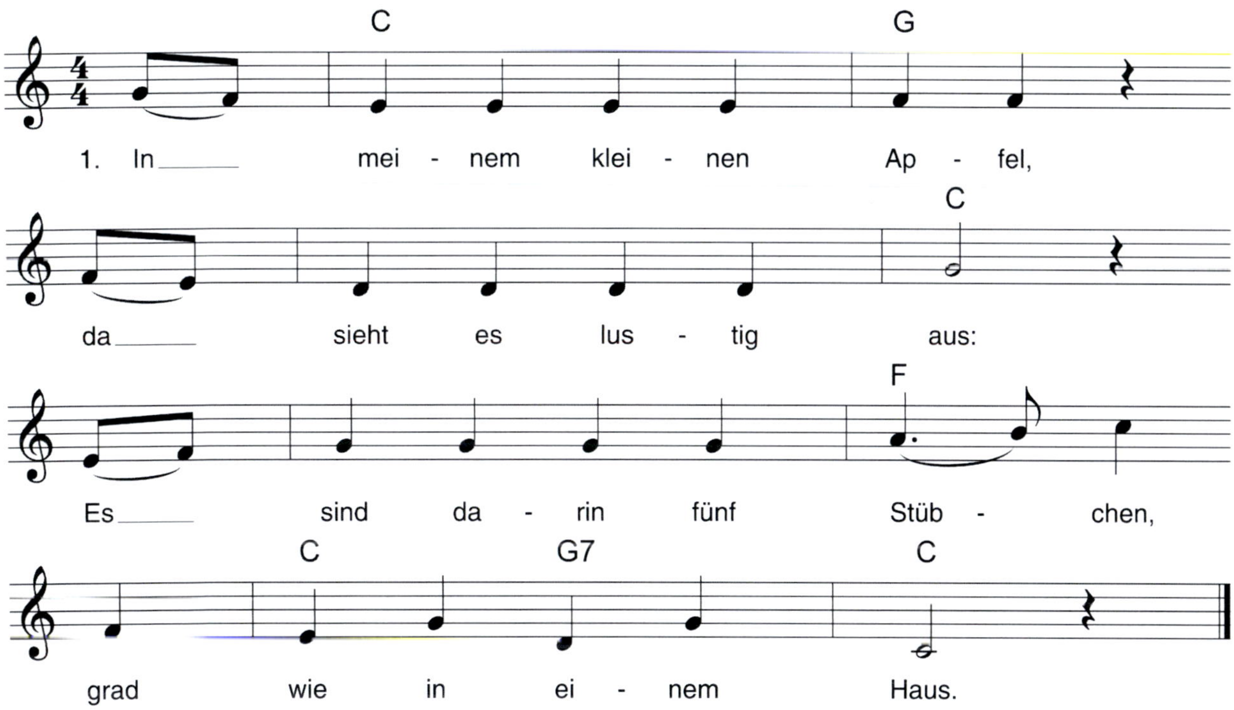

2. In jedem Stübchen wohnen
   zwei Kerne, schwarz und fein,
   sie liegen drin und träumen
   vom lieben Sonnenschein.

3. Sie träumen auch noch weiter
   gar einen schönen Traum,
   wie sie einst werden hängen
   am lieben Weihnachtsbaum.

Wir basteln, kochen und backen

Art der Aktivität:
Liedeinführung

Kinder:
ganze Gruppe

Schwierigkeitsgrad:
★ ☆ ☆ ☆ ☆ ☆

Dauer:
10 Min.

Material:
Äpfel, Messer

In meinem kleinen Apfel

Um den Kindern den Text des Liedes zu verdeutlichen, schneiden Sie einen Apfel quer statt längs in der Mitte durch, während Sie die erste Strophe sprechen. Die Kinder können die „fünf Stübchen“, die sternförmig in der Mitte des Apfels angeordnet sind, so besonders gut erkennen. Die Kerne, die dort „wohnen“, sind allerdings besser zu erkennen, wenn der Apfel auf herkömmliche Weise in Hälften und danach in Spalten geschnitten wird. Sprechen Sie dabei die zweite Strophe und lassen Sie die Kinder die Apfelstücke anschließend essen. Schließlich sprechen Sie die dritte Strophe, in der vom Weihnachtsbaum die Rede ist. Vielleicht kennt ein Kind von zu Hause den Brauch, tatsächlich (künstliche) Äpfel am Weihnachtsbaum aufzuhängen?

Art der Aktivität:
Instrumentenspiel

Kinder:
8–10

Schwierigkeitsgrad:
★ ★ ★ ★ ★ ☆

Dauer:
15 Min.

Material:
Musikinstrumente aus Holz, die mit Schlägeln gespielt werden, evtl. Triangel

Im Viervierteltakt

Mit ein wenig Übung können die (älteren) Kinder eine anspruchsvolle Begleitung zum Apfellied spielen. Üben Sie diese unbedingt zunächst einzeln. Erfahrungsgemäß ist es leichter, wenn ein Erwachsener die Rhythmusgruppe unterstützt. Zum Üben erhalten alle Kinder ein Musikinstrument, später sollten Sie die Kinder in Sänger und Musikanten aufteilen, damit sie sich auf ihre jeweilige Aufgabe konzentrieren können. Die Kinder vollziehen den Rhythmus der Melodie auf ihren Instrumenten nach und spielen möglichst gleichmäßig im Tempo der Musik.

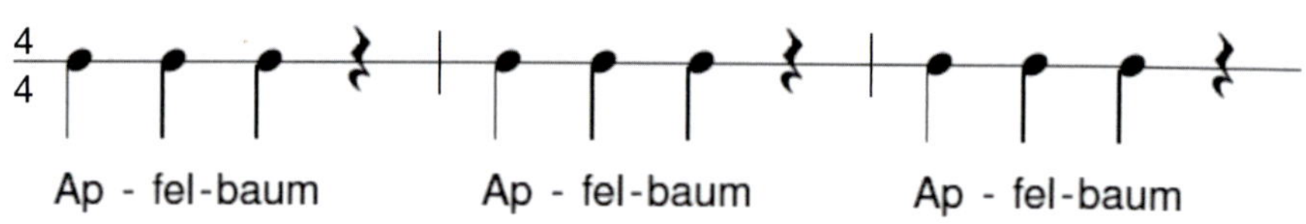

Am einfachsten geht das, wenn die Kinder die Silben laut mitsprechen und auch eine Silbe für die Pause benutzen, z. B.: „Ap-fel-baum – Luft“. Bei „Luft“ schlagen die Kinder nicht auf ihr Instrument, sondern in die Luft. Alle Silben müssen dabei gleich lang sein. Wenn die Begleitung gut klappt, sprechen Sie zunächst den Text des Liedes dazu, bevor Sie zum Singen übergehen. Wenn die Kinder auch jetzt noch den Rhythmus durchhalten können, (das erfordert viel Konzentration!), teilen Sie sie in eine Sänger- und eine Musikantengruppe auf.

Tipp:
Möglich ist auch eine Betonung der Pause, indem ein einzelnes Kind bei „Luft“ einmal die Triangel schlägt.

Man nehme …

Sprechen Sie den Kindern den folgenden Vers langsam vor und zählen Sie dabei die genannten Zutaten mit den Fingern ab.

Man nehme ein Ding mit roten Backen,
Zucker je ein Stück,
Marmelade, süß und lecker.
Kannst du es erraten?
Dann darfst du den Bratapfel braten.

Wenn die Kinder das Fingerspiel gut kennen, bekommen sie vielleicht Lust, einmal selbst einen Bratapfel zuzubereiten.
Heizen Sie den Backofen auf 200 Grad vor. Für jedes Kind wird ein Apfel mit dem Ausstecher vom Kerngehäuse befreit und in die gebutterte feuerfeste Form gesetzt. In das entstandene Loch kommt ein Stück Würfelzucker, dann ein Löffel Marmelade, darüber wieder ein Zuckerwürfel. Der Apfel wird etwa 15 Minuten im heißen Backofen „gebraten". Er ist fertig, wenn sich die Schale ganz leicht ablösen lässt.

Variante:
Je nach Geschmack kann der Bratapfel natürlich auch anders gefüllt werden, z. B. mit Marzipanrohmasse, Nüssen, Nussnougatcreme usw.

Art der Aktivität:
Fingerspiel/Rezept

Kinder:
5–6

Schwierigkeitsgrad:
★★☆☆☆☆

Dauer:
30 Min.

Material:
Würfelzucker, Konfitüre nach Geschmack, Apfelausstecher, feuerfeste Form, Butter, Backofen

Material pro Kind:
Apfel

Eine Apfelkerze herstellen

Apfelkerzen sind eine schöne Dekoration für den Tisch in der Weihnachtszeit. Jedes Kind stellt seinen Apfel so hin, dass die Blüte nach oben zeigt. Wenn noch ein Stängel vorhanden ist, sollte dieser zuvor abgetrennt werden. Der Kerzenhalter wird in den Apfel gesteckt und mit einer Kerze bestückt.

Variante:
Wer keine Lebensmittel verschwenden will, kann entweder die Apfelkerzen nur kurzzeitig verwenden und später verzehren oder aber Zieräpfel benutzen. Sie sind etwas kleiner als normale Äpfel, aber ebenso hübsch.

Art der Aktivität:
Gestalten

Kinder:
2–3

Schwierigkeitsgrad:
★☆☆☆☆☆

Dauer:
5 Min.

Material:
Äpfel (evtl. Zieräpfel), Kerzenhalter mit Dorn, Tannenbaumkerzen

Musikalische Suppe

Art der Aktivität:
Instrumentenspiel

Kinder:
8–10

Schwierigkeitsgrad:
★ ★ ★ ☆ ☆ ☆

Dauer:
15 Min.

Material:
unterschiedliche Musikinstrumente

Im Winter tut eine heiße Suppe oft gut gegen die Kälte draußen. Die Kinder „kochen" bei dieser Aktivität eine musikalische Suppe, indem sie die Silben der unterschiedlichen Zutaten auf Instrumenten spielen: Brü-he, Kar-tof-feln, Salz oder Blu-men-kohl können ebenso in den „Topf" wandern wie Würstchen oder Hüh-ner-brust. Jedes Kind erhält ein Musikinstrument und schlägt eine Suppenzutat vor, die dann alle spielen. Weisen Sie die Kinder dabei auch auf Gemeinsamkeiten hin: Würst-chen hört sich ja auf der Röhrentrommel genauso an wie Brü-he (weil beide zwei Silben haben).
Jedes Kind wählt nun still für sich eine Zutat aus und spielt sie den anderen ohne Worte vor. Wer errät, um welche Zutat es sich handelt? Manchmal bekommt man das wegen der gleichen Silbenzahl nicht so leicht heraus.
Wenn jedes Kind seine Zutat vorgestellt hat, geht das musikalische Kochen weiter: Nehmen Sie pantomimisch einen großen Kochtopf in die Hand und sagen Sie, welche Zutat Sie gerne hineintun möchten. Das Kind, dessen Zutat Sie genannt haben, spielt diese auf seinem Instrument vor. Übergeben Sie ihm dann pantomimisch den imaginären Topf und nehmen Sie dafür sein Musikinstrument. Das Kind nennt nun seinerseits eine Zutat und gibt den Topf weiter usw. Nennt ein Kind eine Zutat, für die kein Kind zuständig ist, so spielen alle zusammen diese Silben und das Kind hat einen weiteren Versuch. Natürlich muss die Suppe auch ab und zu pantomimisch kräftig umgerührt werden.

Auf der Glasharfe spielen

Art der Aktivität:
Spielanregung

Kinder:
5–6

Schwierigkeitsgrad:
★ ★ ★ ☆ ☆ ☆

Dauer:
20 Min.

Material:
mehrere gleich große Wassergläser oder Glasflaschen, Kanne mit Wasser, Folienschreiber, Teelöffel und/oder Schlägel

In kleinen Gruppen experimentieren die Kinder mit Tönen, die sich aus Gläsern oder Flaschen herauslocken lassen. Die Gefäße können mit mehr oder weniger Wasser gefüllt und mit Teelöffeln oder Schlägeln angeschlagen werden. Geben Sie den Kindern ausreichend Zeit zum Ausprobieren, zum Ein- und Umfüllen des Wassers und zum Erzeugen möglichst vieler verschiedener Töne.
Versuchen Sie dann gemeinsam, eine Reihe von Wassergläsern oder Flaschen zu stimmen. Je weniger Wasser sich im Gefäß befindet, desto tiefer klingt der Ton. Mit Geduld und Zeit zum Ausprobieren ist es möglich, nach und nach eine komplette Tonleiter zu erstellen, mit der sich einfache Lieder spielen lassen. Wer kann ein leichtes Weihnachtslied spielen, z. B. „Morgen kommt der Weihnachtsmann"? Auch einzelne Töne zur Begleitung eines beliebigen Liedes sind natürlich möglich und machen den Kindern viel Spaß. Damit die Glasharfe beim nächsten Einsatz schneller gestimmt werden kann, markieren Sie den jeweils nötigen Wasserstand mit einem Folienschreiber.

Variante:
Wenn möglich, zeigen Sie den Kindern auch, wie man auf einem Weinglas Töne erzeugen kann, indem man mit einem nassen Finger den Rand entlangfährt.

Tipp:
Auf *www.youtube.com* finden Sie unter dem Suchbegriff „Glasharfe" einige sehr faszinierende Videos darüber, wie vielfältig dieses Instrument eingesetzt werden kann.

Ein Geschenk für Mama und Papa

Die Kinder bemalen die Weihnachtskarte nach eigenem Geschmack und schreiben ihren Namen hinein. Dann bemalen sie ihre Lippen mit dem Lippenstift und drücken sie auf das Papier, sodass ein Kussmund-Abdruck entsteht.
Bei einer Adventsfeier oder am letzten Tag vor den Ferien werden diese schönen Karten dann den Eltern mit folgendem kleinen Vers überreicht:

Ich schenke dir zum Weihnachtstag
einen Kuss, weil ich dich mag.
Und gibst du ihn mir dann zurück,
weiß ich, ich bin dein bestes Stück.

Art der Aktivität:
Gestalten

Kinder:
1–2

Schwierigkeitsgrad:
★ ☆ ☆ ☆ ☆ ☆

Dauer:
5 Min.

Material:
Farbstifte, Lippenstift

Material pro Kind:
Blanko-Weihnachtskarte oder Briefbogen

Plätzchen backen

Die richtige Handhabung der Klanghölzer ist schwieriger, als es auf den ersten Blick scheint. Zeigen Sie den Kindern, wie sie das eine Holz über die hohle Hand legen. Mit dem zweiten wird dann darauf geschlagen. Spielen Sie gemeinsam einen nicht zu schnellen, gleichmäßigen Rhythmus und sprechen Sie dann den Text dazu.

Wir backen heute Plätzchen,
denn Plätzchen schmecken toll.
Wir backen heute Plätzchen,
ein ganzes Backblech voll.
Wir backen heute Plätzchen
mit Nuss- und Mandelkern.
Wir backen heute Plätzchen,
die mögen alle gern.

Variante:
Das Gedicht eignet sich auch gut, um es mit zwei Gruppen zu sprechen. Die erste Gruppe spricht „Wir backen heute Plätzchen", worauf die zweite Gruppe jeweils mit dem zweiten Teil des Satzes antwortet. Dabei können auch zwei unterschiedliche Arten von Instrumenten zur Begleitung eingesetzt werden.

Art der Aktivität:
Sprachspiel

Kinder:
8–10

Schwierigkeitsgrad:
★ ★ ★ ☆ ☆ ☆

Dauer:
10 Min.

Material pro Kind:
ein Paar Klanghölzer

Wir basteln, kochen und backen

Art der Aktivität:
Sprachspiel

Kinder:
ganze Gruppe

Schwierigkeitsgrad:
★ ☆ ☆ ☆ ☆ ☆

Dauer:
5 Min.

Material:
–

Bastelvers

Dieser Bastelvers eignet sich als Einstieg für eine Gestaltung von Weihnachtskarten (S. 45). Sprechen Sie ihn sehr rhythmisch mit den Kindern.

Pinsel, Schere, Farben,
woll'n wir gerne haben.
Bänder, Federn, Kleister,
wir sind Bastelmeister.
Klebstift, Filz und Glitzerkram,
kommt, wir fang'n zu basteln an!

Tipp:
Geübte Kinder können auch einmal versuchen, den Vers im Kanon zu sprechen. Probieren Sie einfach verschiedene Einsätze aus. Oder Sie erfinden mit Ihrer Gruppe eine einfache Melodie dazu, sodass Sie als Einstimmung vor einer Gestaltungsaktion ein Lied singen können.

Art der Aktivität:
Instrumentenbau/Instrumentenspiel

Kinder:
3–4

Schwierigkeitsgrad:
★ ★ ★ ☆ ☆ ☆

Dauer:
20 Min. + Zeit zum Trocknen

Material:
leere Schachteln, Tonpapierreste, Schere, Klebstoff, kleine Steinchen oder Holzperlen, Material zum Verzieren, z. B. Stoffreste, Glitter, Hologrammfolie, Goldpapier

Weihnachtsrasseln

Regen Sie die Kinder an, selbst erfundene Weihnachtsrasseln herzustellen. Hierzu füllen die Kinder einige Perlen oder Steinchen in eine leere Schachtel und verzieren diese anschließend nach eigenem Geschmack. Sie können die Schachtel z. B. mit Goldpapier verpacken, mit Sternen bekleben, mit Stoffstreifen und Goldband umwickeln oder einen Tannenbaum aus Tonpapier darauf kleben. Je bunter und individueller die Rasseln werden, desto schöner. Die Instrumente sollten über Nacht trocknen, bevor sie zum Einsatz kommen.
Mit den Weihnachtsrasseln lassen sich alle Winter- und Weihnachtslieder begleiten, besonders die etwas flotteren (z. B. „Lasst uns froh und munter sein", „Jingle Bells", „In der Weihnachtsbäckerei").
Auch kleine Sprechverse sind gut geeignet, z. B. dieser hier:

Ich schüttle meine Rassel,
so laut, wie ich nur kann.
Und wenn ich laut gerasselt hab,
dann ist der Lukas (Name des Kindes) dran.

Die Kinder sprechen den Vers einzeln und rasseln dazu. In der letzten Zeile setzen sie den Namen eines Kindes ein, das dann als Nächstes an der Reihe ist usw. Das Spiel endet, wenn alle Kinder einmal den Vers gesprochen haben.

Tipp:
Der Vers kann auch zur Melodie von „In meinem kleinen Apfel" (S. 41) gesungen werden.

Es war mal im Dezember

Melodie und Text: überliefert, Bearbeitung: Kati Breuer

2. Und wie sie da so spielten,
   da klopft es draußen an
   und in das Zimmer polterte
   ein Ungetüm von Mann,
   und in das Zimmer polterte
   ein Ungetüm von Mann.

3. Der sah von Kopf bis Fuß aus
   so wie ein wilder Bär.
   Auch brummte er so grimmig,
   als ob er einer wär,
   auch brummte er so grimmig,
   als ob er einer wär.

4. Doch plötzlich hagelt's Nüsse
   und Äpfel um sie her.
   Da dankten beide Kinder
   dem Nikolaus gar sehr,
   da dankten beide Kinder
   dem Nikolaus gar sehr.

Art der Aktivität:
Liedeinführung

Kinder:
ganze Gruppe

Schwierigkeitsgrad:
★ ★ ★ ☆ ☆

Dauer:
15 Min.

Material:
möglichst viele unterschiedliche Musikinstrumente zur Auswahl

Es war mal im Dezember

Nach dem Echo-Prinzip erarbeiten Sie mit den Kindern Zeile für Zeile des Liedes: Sprechen Sie eine Zeile und begleiten Sie sich dabei auf Ihrem Instrument. Die Kinder wiederholen die entsprechende Zeile und machen ebenfalls Musik dazu. Nach einigen Durchgängen können Sie dazu übergehen, eine Sorte Instrumente, z. B. alle Holzinstrumente, beginnen zu lassen, während eine zweite, z. B. alle Metallinstrumente, als Echo antwortet. Später wird natürlich getauscht.
Singen Sie dann das Lied einmal komplett vor und lassen Sie die Kinder die Stellen suchen, an denen ein Echo im Lied vorkommt: Zwei Zeilen werden in jeder Strophe wiederholt. Die Kinder sollen beim nächsten gemeinsamen Singen genau an diesen Stellen die Instrumente einsetzen. Der Rest des Liedes wird nicht begleitet.

Variante:
Erarbeiten Sie mit den Kindern eine Begleitung, die den Inhalt der vier Strophen wiedergibt. Wie klingt es wohl, wenn
1. Lisa und Daniel spielen,
2. es an der Tür klopft,
3. der große Mann wie ein Bär brummt und
4. es Nüsse und Äpfel hagelt?

Für jede dieser vier Situationen sollen die Kinder andere Instrumente auswählen. Jede Strophe wird also mit eigenen Klängen begleitet.
Das kann z. B. so aussehen:
1. Strophe: Glockenspiel
2. Strophe: Trommel
3. Strophe: tiefe Klingende Stäbe
4. Strophe: Regenmacher

Vielleicht hat Ihre Gruppe aber auch ganz andere Ideen!

Art der Aktivität:
Gestalten

Kinder:
1–2

Schwierigkeitsgrad:
★ ★ ★ ☆ ☆

Dauer:
10 Min.

Material:
Streichholzschachteln, kleine Steinchen oder Perlen, rotes Krepppapier, Geschenkband, Watte, weißes Papier, Farbstifte, Schere, Klebstift

Nikolausrasseln

Für eine Nikolausrassel füllen die Kinder zunächst einige Steinchen oder Perlen in die Streichholzschachtel. Sie bestreichen die Schachtel von allen Seiten mit Klebstoff. Achtung: Verwenden Sie unbedingt einen Klebstift, da Krepppapier extrem färbt, wenn es feucht wird! Anschließend wird die Schachtel so in rotes Krepppapier „verpackt“, dass an einer der Schmalseiten ein längeres Stück übersteht. Bindet man dieses mit Geschenkband ab, entsteht die Nikolausmütze. Mit Watte als Bart und als Rand an die Mütze geklebt sowie mit einem aus Papier ausgeschnittenen und aufgeklebten Gesicht wird die Nikolausrassel fertiggestellt.
Die Kinder können damit Nikolaus- und Weihnachtslieder begleiten. Probieren Sie doch einmal „Lasst uns froh und munter sein“ und lassen Sie die Gruppe zu „Lustig, lustig, tralalalala …“ die Nikolausrasseln schütteln.

Tipp:
Nach ähnlichem Prinzip lassen sich kleine Geschenke oder Süßigkeiten für den Nikolausteller hübsch verpacken.

Der Nikolaus kommt

Die Kinder sitzen im Kreis und spielen einen einfachen Rhythmus auf Körperinstrumenten, z. B. gleichmäßig abwechselnd auf die Oberschenkel patschen und in die Hände klatschen. Dazu sprechen Sie gemeinsam das Nikolausgedicht.

Wer schleicht denn da von Haus zu Haus?
Das ist bestimmt der Nikolaus.
Nun schnell die Schuh geputzt,
nun schnell die Schuh geputzt.

Die Schuh ganz flott vors Haus gestellt,
auch wenn dann Opas Hund laut bellt.
Der Nikolaus ist da,
der Nikolaus ist da.

Was bringt er dir? Was bringt er mir?
Vielleicht ein süßes Kuscheltier?
Und bunte Bonbons auch,
und bunte Bonbons auch?

Ich weiß es nicht, ich kann's nicht sagen,
muss mich mit dem Warten plagen.
Der Nikolaus sucht aus,
der Nikolaus sucht aus.

Variante:
Das Gedicht eignet sich auch gut für eine kleine Theateraufführung, z. B. beim Elternnachmittag. Als Darsteller werden Nikolaus, Opa, ein Hund und viele Schuhe putzende Kinder gebraucht. Evtl. können sogar das Kuscheltier und die bunten Bonbons (natürlich in passender Verkleidung) auftreten. Requisiten sind nicht unbedingt nötig, auch wenn es sicher gut aussieht, wenn die Kinder im ersten Vers tatsächlich „Schuhe putzen".
Der Text sollte bei einer Aufführung besonders langsam und deutlich gesprochen werden, nicht nur, damit die Zuschauer ihn gut verstehen, sondern auch, damit die Schauspieler ausreichend Zeit für ihre Bewegungen haben. Soll eine musikalische Untermalung die Aufführung bereichern, so müssen die musizierenden Kinder sich sehr zurückhalten, damit sie den Text nicht übertönen. Wählen Sie in diesem Fall am besten leise Instrumente, z. B. Fingercymbeln oder Glockenspiele.

Art der Aktivität:
Sprachspiel

Kinder:
ganze Gruppe

Schwierigkeitsgrad:
★★★☆☆☆

Dauer:
10 Min.

Material:
–

Nikolaus

Heut kommt der Nikolaus

Melodie: aus England, Text: Kati Breuer

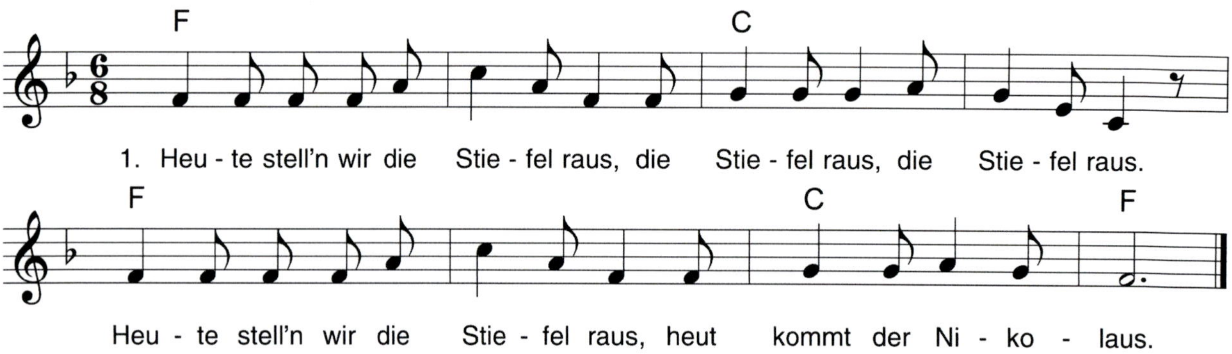

2. Aufgeregt gehen wir ins Bett,
geh'n wir ins Bett, geh'n wir ins Bett.
Aufgeregt gehen wir ins Bett,
heut kommt der Nikolaus.

3. Morgens ist dann die Freude groß,
die Freude groß, die Freude groß.
Morgens ist dann die Freude groß,
der Nikolaus war da.

Heut kommt der Nikolaus

Setzen Sie sich mit den Kindern in einen Kreis und haken Sie einander ein. Summen Sie die Melodie des Liedes und schunkeln Sie dabei mit Ihrer Gruppe hin und her. Nur der letzte Textteil „heut kommt der Nikolaus“ wird zunächst (sicher bald gemeinsam) gesungen. Fügen Sie nun nach und nach Strophe für Strophe hinzu. Durch die vielen Wiederholungen ist weiteres Üben des Textes zumeist nicht nötig.

Art der Aktivität:
Liedeinführung

Kinder:
ganze Gruppe

Schwierigkeitsgrad:
★★☆☆☆☆

Dauer:
10 Min.

Material:
–

Der Weihnachtsbaumwettbewerb

Lesen Sie den Kindern die Geschichte vor und fordern Sie sie anschließend auf, einen eigenen Weihnachtsbaum zu erfinden und aufzumalen. Alle Bilder werden dann z. B. an einer Wand im Flur des Kindergartens ausgestellt.

Der Bürgermeister der Stadt hatte zu einem Weihnachtswettbewerb aufgerufen: Jeder Bürger sollte einen Preis bekommen, wenn er sich seinen eigenen Weihnachtsbaum gestaltete. Und der schönste Weihnachtsbaum sollte den ersten Preis bekommen.
Alle waren begeistert von der Idee und es kamen die komischsten Weihnachtsbäume zustande.
Herr Müller baute einen Weihnachtsbaum aus Pappe, an dem lauter Bohrmaschinen hingen. Herr Müller ist ein toller Handwerker.
Herr Kurz zeichnete einen Weihnachtsbaum am Computer und brachte einen Ausdruck mit zum Wettbewerb.
Onkel Heiner hängte an seinen Weihnachtsbaum lauter unechte Geldscheine, denn er arbeitete bei einer Bank.
Tante Hannelore baute lauter runde Plastikschüsseln übereinander und malte Kerzen auf.
Und Uwe Krause hängte lauter Türgriffe an einen grün angestrichenen Regenschirm.
Den ersten Preis aber bekamen Herr und Frau Mindermann, die einen Weihnachtsbaum in Form eines Süßigkeitenautomaten gebaut hatten. Die Kinder konnten Türchen öffnen, aus denen sie tolle Überraschungen herausnehmen durften.
„Meine sehr verehrten Damen und Herren“, sagte der Bürgermeister. „Ich bin hocherfreut darüber, wie viele gute Ideen Sie verwirklicht haben. Ab heute gibt es deshalb in unserer Stadt ein neues Gesetz: Jede Familie muss ihren Weihnachtsbaum selbst herstellen.“

Art der Aktivität:
Vorlesegeschichte/Gestalten

Kinder:
5–6

Schwierigkeitsgrad:
★★★☆☆☆

Dauer:
20 Min.

Material:
Papier und Farbstifte

Nikolaus

Art der Aktivität:
Klanggeschichte

Kinder:
8–10

Schwierigkeitsgrad:
★★☆☆☆

Dauer:
20 Min.

Material:
Alltagsgegenstände, z. B. Bausteine, Küchengeräte, Plastiktüten usw. (siehe nebenstehend)

Am 6. Dezember

Stellen Sie den Kindern zunächst eine große Auswahl an Alltagsgegenständen zur Verfügung, mit denen sich Geräusche erzeugen lassen, und geben Sie ihnen ausreichend Zeit zum Experimentieren. Entwickeln Sie dann gemeinsam die passenden Geräusche zur Klanggeschichte oder verwenden Sie die vorbereiteten Vorschläge. Natürlich kann Ihre eigene Version, abhängig vom vorhandenen Material, ganz anders klingen. Die Geschichte ist auch für die Begleitung mit „richtigen“ Rhythmusinstrumenten geeignet.

Im verschneiten Winterwald kann man den Schnee
knirschen hören. ***Plastiktüten aneinanderreiben***
Es ist der Nikolaus, der auf seinem Schimmel
in Richtung Stadt reitet. ***mit den Händen auf den Oberschenkeln „galoppieren“***
Kalt ist es heute, denn der eisige Winterwind
saust um die Bäume. ***über Flaschenöffnung blasen oder durch Pappröhre heulen***
Immer weiter und weiter
reitet der Nikolaus. ***mit den Händen auf den Oberschenkeln „galoppieren“***
In der Ferne schlägt die große Kirchturmuhr.
Eins, zwei, drei, vier, fünf, sechs, sieben, acht, neun, zehn, elf, zwölf Schläge –
es ist Mitternacht! ***Glas zwölfmal mit einem Löffel anschlagen***
Der Mond steht groß und bleich am Himmel.
Jetzt ist der Nikolaus am Stadtrand angekommen.
Die Hufe des Schimmels klappern
über die Steine der Hauptstraße. ***zwei Bausteine gegeneinanderschlagen***
Vor dem ersten Haus ruft der Nikolaus leise „brr“
und der Schimmel bleibt stehen.
Der Nikolaus steigt ab und klettert vorsichtig die Regenrinne hinauf
aufs Dach. ***mit einem Schneebesen im Kochtopf rühren***
Leise schleicht er sich zum Schornstein. ***leiser rühren***
Den schweren Sack mit den Geschenken für die Kinder
zieht er hinter sich her. ***Stoffrest zerreißen***
Nun ist der Nikolaus beim Schornstein angekommen.
Er nimmt ein Geschenk und lässt es
in den Schornstein fallen. ***mit einem Kochlöffel auf einen Kochtopf schlagen***
Dann schleicht er leise zurück, rutscht an der Regenrinne hinunter und
geht zum nächsten Haus. ***mit einem Schneebesen im Kochtopf rühren***
Hier macht er es genauso: Er klettert die Regenrinne hinauf,
schleicht zum Schornstein, wirft das Geschenk hinein und
schleicht schnell wieder hinunter. ***Geräusche wie oben***
Geschenk um Geschenk lässt der Nikolaus für die Kinder da und bei der vielen
Kletterei kommt er ganz schön ins Schwitzen. Schließlich hat er es geschafft:
Alle Geschenke sind verteilt. Puh, das war aber anstrengend. Müde setzt sich
der Nikolaus auf seinen Schimmel und trabt zurück in sein Haus.
Zuerst reitet er auf der Straße, ***zwei Bausteine gegeneinanderschlagen***
dann wieder durch den verschneiten Wald. ***Plastiktüten aneinanderreiben***
Als er endlich in seinem warmen Bett liegt, ist der Nikolaus froh,
dass diese Nacht voller Arbeit nun vorbei ist.
So, jetzt habe ich wieder ein Jahr Zeit, um mich auszuruhen, denkt er noch,
bevor er zufrieden einschläft. ***leise schnarchen oder ein Schlaflied singen***

Name:

Der Nikolaus ist unterwegs

Zeige dem Nikolaus den Weg zu seinem Haus.

Art der Aktivität:
Klanggedicht

Kinder:
ganze Gruppe

Schwierigkeitsgrad:
★ ★ ★ ★ ☆ ☆

Dauer:
15 Min.

Material:
beliebige Instrumente

Das Hokuspokus-Zauberwort

Teilen Sie die vorhandenen Instrumente je nach Größe der Gruppe und Anzahl der Instrumente ein. Unterteilt werden können die Instrumente z. B. nach diesen Kategorien:
a) Holzinstrumente, Fellinstrumente und Metallinstrumente oder
b) runde Instrumente und eckige Instrumente oder
c) lang klingende Instrumente und kurz klingende Instrumente.
Die Kinder nehmen sich je ein Instrument und setzen sich entsprechend der Aufteilung in Gruppen zusammen.
Lesen Sie den Mädchen und Jungen dann das Gedicht vor und erklären Sie ihnen, dass die Zauberwörter für die Reime sorgen.
Die verschiedenen Instrumentengruppen können reihum die „Hokuspokus-Wörter" begleiten. Natürlich muss das Zauberwort besonders geheimnisvoll ausgesprochen werden.

Im Winter **Hokuspokus-oh-weh**
gibt es ganz viel weißen Schnee.

Die Straßen **Hokuspokus-laut-und-leis**
sind im Winter voller Eis.

Wir Kinder brauchen **Hokuspokus-miefel-piefel**
dann dicke Winterstiefel.

Und auch noch **Hokuspokus-Seemannstruhe**
bunte Finger- oder Fausthandschuhe.

Und ja nicht vergessen **Hokuspokus-nasse-Pfütze**:
die wirklich warme Pudelmütze.

Und über die Jacke **Hokuspokus-wie-kahl**
kommt der von Oma gestrickte Schal.

Dann geht es raus **Hokuspokus-gelitten**
mit dem neuen Rodelschlitten.

Und am Abend **Hokuspokus-gebt-acht**
wird eine Schneeballschlacht gemacht.

Tipp:
Suchen Sie doch mit den Kindern auch noch andere Zauberwörter aus. Wie wäre es mit „Abrakadabra" oder „Simsalabim"? Oder vielleicht mag Ihre Gruppe solche Ausdrücke wie Schneckenschleim, Krötenei oder Mäusedreck? Als Zauberwort darf man ruhig auch einmal ein Wort auswählen, das sonst vielleicht nicht ganz so gern gehört wird.

Weihnachtslieder-Fehlersuche

Art der Aktivität:
Spielanregung

Kinder:
8–10

Schwierigkeitsgrad:
★ ★ ★ ☆ ☆

Dauer:
15 Min.

Material:
–

Singen Sie den Kindern nacheinander verschiedene bekannte Weihnachtslieder vor. Bauen Sie in jedes einen kleinen Fehler ein, den die Kinder finden sollen, z. B.:

Morgen kommt der Weihnachtsmann,
kommt mit seinen Spaten … *(Gaben)*

Kling, Glöckchen, klingelingeling,
kling, Glöckchen, kling.
Lasst mich ein, ihr Rinder … *(Kinder)*

Lasst uns froh und munter sein
und uns recht von Herzen freun.
Lustig, lustig, tralalalala,
bald ist Osterhasenabend da … *(Nikolaus-)*

Wer findet alle Fehler? Ältere Kinder versuchen gerne auch selbst, Lieder mit Fehlern vorzutragen. Oft müssen sie dabei aber dann so lachen, dass es ihnen nicht gelingt.

Weihnachtshase und Ostermann

Art der Aktivität:
Instrumentenspiel

Kinder:
8–10

Schwierigkeitsgrad:
★ ★ ★ ☆ ☆

Dauer:
15 Min.

Material:
eine Rührtrommel (ersatzweise eine Schüssel mit Löffel), Weihnachtsmannmütze, Stirnband mit Hasenohren (aus Tonpapier gebastelt)

Die Kinder sitzen im Kreis auf Stühlen. In der Mitte auf einem kleinen Tisch liegt die Rührtrommel bereit. Ein Kind aus dem Kreis setzt die Weihnachtsmannmütze, ein anderes die Hasenohren auf. Gehen Sie dann zur Rührtrommel in die Mitte, sprechen Sie mit den Kindern zusammen den Vers und spielen Sie dabei die Rührtrommel. Weihnachtsmann und Osterhase stehen auf und tauschen ihre Kopfbedeckungen. Wenn der Vers zu Ende ist, geben beide ihre Mützen an ein anderes Kind weiter, während Sie ein neues Kind für die instrumentale Begleitung aussuchen. So geht es, bis jeder einmal an der Reihe war.

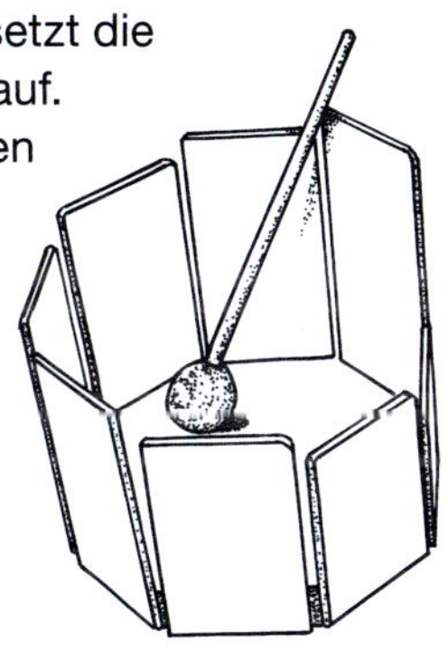

Den Weihnachtshasen und den Ostermann
rühr ich durcheinander, so gut ich kann.
Verrühre ich beide dann ganz fein,
wird im Dezember Ostern sein.

Variante:
Das Rühren kann auch durch mehrere Instrumente dargestellt werden: Ein Kind beginnt und spielt einen Ton, dann folgt das nächste Kind im Kreis, darauf das übernächste und so weiter. Der Ton „wandert“ im Kreis herum, als rühre man mit einem Löffel im Topf. Je schneller hintereinander die Kinder spielen, desto besser. Diese Begleitvariante verlangt den Kindern eine Menge Konzentration und Geschicklichkeit ab und ist daher eher für die Älteren geeignet.

Wir machen Winterquatsch

Art der Aktivität:
Sprachspiel

Kinder:
8–10

Schwierigkeitsgrad:
★ ★ ★ ★ ☆ ☆

Dauer:
10 Min.

Material:
–

Winterrätsel

Die meisten Kinder haben viel Freude an kleinen Rätselfragen.
Hier sind einige zum Thema Winter.

Welcher Baum hat keine Blätter?

(Tannenbaum)

Mit welcher Nadel kann man nicht nähen?

(Tannennadel)

Welcher Mann hat Angst vor der Sonne?

(Schneemann)

Was fällt vom Himmel herab, ohne sich zu verletzen?

(Schnee/Regen/Hagel)

Welche Schuhe hinterlassen keine Fußstapfen?

(Schlittschuhe)

Name:

Hier stimmt doch was nicht!

Findest du die Fehler? Kreise ein.

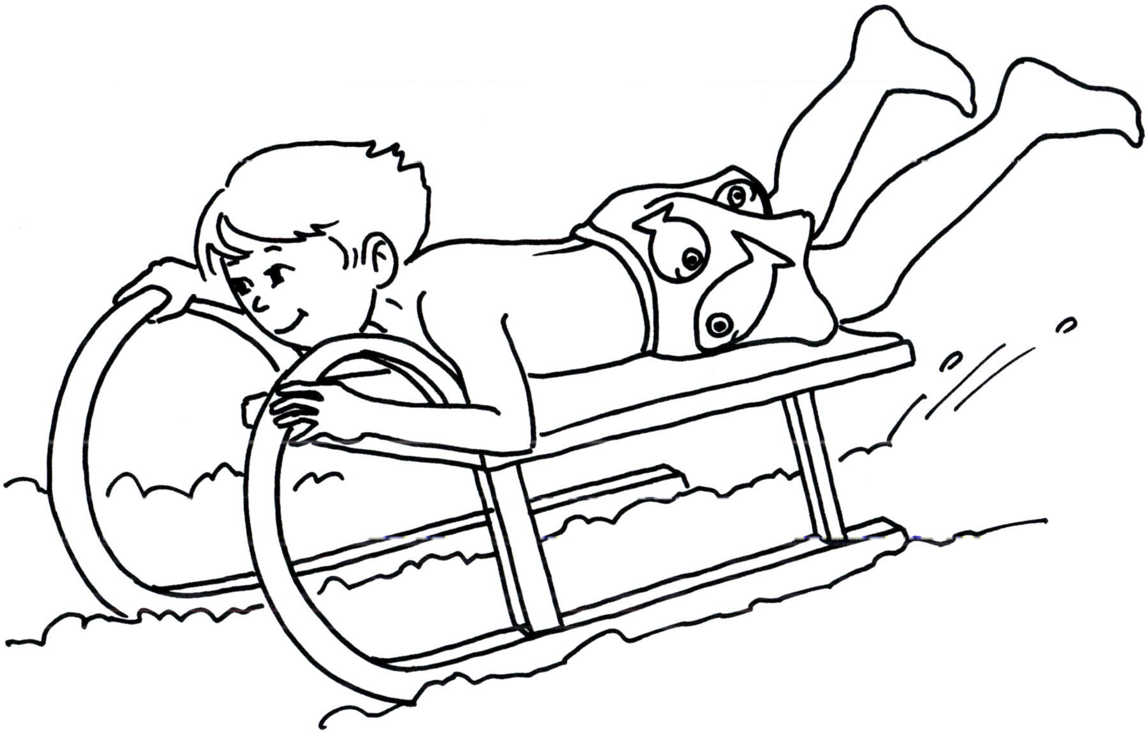

Neues Jahr, Fasching ist nah

Ein gutes Neujahr

Melodie und Text: Kati Breuer

Ein gutes Neujahr

Das einfache Lied verlangt keine ausführliche Einführung. Singen Sie es den Kindern direkt vor und machen Sie einige Bewegungen dazu:

Zum Weihnachtsfest essen wir Nüsse,	*mit Daumen und Zeigefinger einer Hand einen Kreis bilden*
zu Neujahr verteilen wir Küsse	*Kusshand werfen*
und wünschen uns, das ist doch klar,	*weite Zeigebewegung mit dem Arm*
stets wieder ein gutes Neujahr,	*„Daumen hoch“-Geste bei „gutes“*
stets wieder ein gutes Neujahr.	*„Daumen hoch“-Geste bei „gutes“*

Art der Aktivität:
Liedeinführung

Kinder:
ganze Gruppe

Schwierigkeitsgrad:
★ ☆ ☆ ☆ ☆ ☆

Dauer:
10 Min.

Material:
–

Raketen zu Silvester

Die Kinder probieren viele verschiedene Klänge aus, mit denen sich das Zischen und das Heulen von Silvesterraketen darstellen lassen. Schließlich wählt jedes ein Instrument aus und begleitet das Gedicht damit.

Silvester fliegen die Raketen
überm Dorf und vielen Städten.
Blitzen rot und grün und blau,
machen schrecklichen Radau.
Zaubern Glanz auf mein Gesicht
mit dem bunten Glitzerlicht.
Lassen tausend Sterne funkeln,
das ist toll um zwölf im Dunkeln.
Mit Wunderkerzen, wirklich wahr,
begrüßen wir das Neue Jahr.

Tipp:
Besonders faszinierend und eindrucksvoll ist es, wenn Sie am Ende des Textes tatsächlich eine Wunderkerze anzünden. Sobald sie brennt, stellen Sie sie in ein Glas voller Sand. Beobachten Sie gemeinsam das Zischen und Sprühen der Funken.

Art der Aktivität:
Instrumentenspiel

Kinder:
8–10

Schwierigkeitsgrad:
★ ★ ☆ ☆ ☆ ☆

Dauer:
10 Min.

Material:
möglichst viele unterschiedliche Instrumente, evtl. Wunderkerzen, Feuerzeug und ein Glas voller Sand

Neues Jahr, Fasching ist nah

Art der Aktivität:
Gestalten

Kinder:
1–2

Schwierigkeitsgrad:
★★☆☆☆

Dauer:
15 Min.

Material:
schwarzes Tonpapier, Buntpapier, Schere, Klebstoff, Farbstifte, Glitter zum Streuen (oder Glitterglue), evtl. Pailletten

So war bei uns Silvester

Um die faszinierenden Lichteffekte des Silvesterfeuerwerks auf Papier zu bannen, sind glitzernde Materialien besonders geeignet. Die Kinder schneiden ein oder mehrere Häuser aus Buntpapier aus und kleben sie auf das schwarze Tonpapier. Mit hellen Farbstiften malen sie sich selbst und ihre Familie dazu. Die leuchtenden, funkelnden Lichterlinien des Feuerwerks werden mit Klebstoff aufgezeichnet und sofort mit Glitter bestreut.

Tipp:
Wenn Sie vor dem Aufstreuen des Glitters ein einmal in der Mitte geknicktes und wieder aufgefaltetes größeres Stück Papier unter das Bild legen, landet der überschüssige Glitter darauf, sodass dieser hinterher leicht in das Gefäß zurückgeschüttet werden kann. Nehmen Sie das Papier dazu vorsichtig hoch und drücken Sie die Seiten leicht nach oben, so entsteht eine Rinne, durch die der Glitter rieseln kann.
Auch Pailletten, Glitzersterne oder -monde eignen sich gut zum Aufkleben auf diese Bilder. Die meisten Kinder arbeiten mit großer Freude mit glitzernden Dingen. Mit Glitterglue kann auch direkt „gemalt" werden.

Art der Aktivität:
Instrumentenspiel

Kinder:
ganze Gruppe

Schwierigkeitsgrad:
★★★☆☆☆

Dauer:
15 Min.

Material:
fünf lang klingende Instrumente, z. B. Triangel, Klingende Stäbe, Cymbel, Klangschale

Der erste Monat in jedem Jahr

Teilen Sie die fünf Instrumente an fünf Kinder aus. Jedes steht für einen der fünf Monate, die im Gedicht genannt werden. Bis in den Mai kann das Wetter noch winterlich sein. Damit es nicht zu schwierig wird, sollten die Kinder in der richtigen Reihenfolge nebeneinandersitzen. Sprechen Sie dann das Gedicht und zeigen Sie jeweils bei der Nennung eines Monats auf das entsprechende Kind. Dieses spielt einen einzelnen Ton auf seinem Instrument.

Der erste Monat in jedem Jahr,
ist der kalte Januar.
Er liegt mitten im Winter,
Februar kommt dahinter.
Dann folgen März, April und Mai
und schon ist der Winter vorbei.
Januar, Februar, März, April, Mai –
und schon ist der Winter vorbei.

Tipp:
Singen Sie anschließend das Lied „Und wer im Januar geboren ist" oder ein anderes Lied, in dem die Monate genannt werden. Auch ein Jahreszeitenlied, z. B. „Es war eine Mutter, die hatte vier Kinder" eignet sich als Weiterführung.

Faschingslied

Melodie wie „Ein Vogel wollte Hochzeit machen", Text: Kati Breuer

2. Wir schmücken unsre Gruppe bunt
und mal'n uns Schminke auf den Mund.
Heut ist Faschingstag, heut ist Faschingstag,
heut ist Faschingsfeiertag!

3. Wir zieh'n uns bunte Kleider an,
dass keiner uns erkennen kann.
Heut ist Faschingstag, heut ist Faschingstag,
heut ist Faschingsfeiertag!

4. Wir feiern heut den ganzen Tag,
weil jeder hier den Fasching mag.
Heut ist Faschingstag, heut ist Faschingstag,
heut ist Faschingsfeiertag!

Je nach Region, in der Sie die fünfte Jahreszeit feiern, können Sie das Wort Fasching ersetzen:
Heut ist Fast-nachts-tag … heut ist Fast-nachts-fei-er-tag!
Oder:
Heut ist Kar-ne-val … heut ist Ka-ar-ne-vals-tag!

Neues Jahr, Fasching ist nah

Art der Aktivität:
Liedeinführung

Kinder:
ganze Gruppe

Schwierigkeitsgrad:
★ ☆ ☆ ☆ ☆ ☆

Dauer:
10 Min.

Material:
viele beliebige Musikinstrumente

Faschingslied

Den meisten Kindern dürfte die Melodie des Liedes „Ein Vogel wollte Hochzeit machen“ bereits bekannt sein, sodass sie schnell mitmachen können. Nach dem Verteilen der Instrumente singen und spielen Sie einmal zur Probe gemeinsam den Refrain. In den Strophen sollen die Instrumente dagegen schweigen. Testen Sie zunächst, ob das klappt, dann singen Sie das ganze Lied.

Art der Aktivität:
Gestalten

Kinder:
3–4

Schwierigkeitsgrad:
★ ☆ ☆ ☆ ☆ ☆

Dauer:
20 Min. + Zeit zum Trocknen

Material:
Schere, Klebstoff, Füllmaterial, z. B. Perlen, Steine, zusammengedrückte Kronkorken, Material zum Verzieren, z. B. Wollreste, Bastelfilz, Tonpapierreste, Wackelaugen

Material pro Kind:
eine Plastikflasche mit Griff, z. B. von flüssigem Waschmittel

Fastnachtsrasseln

Jedes Kind füllt seine Plastikflasche nach eigenem Gefühl mit Rasselmaterial. Da es sich um Fastnachtsinstrumente handelt, dürfen sie ruhig richtig laut klingen – das muss man ein bisschen ausprobieren. Ist das Kind mit dem Geräusch zufrieden, wird die Flasche fest zugedreht. Nun kann sie verziert werden. Die Flasche erhält Augen, Haare und ein Gesicht, ganz nach den eigenen Vorstellungen. Der Griff der Flasche sollte allerdings nicht beklebt werden, damit man das Instrument später gut festhalten kann. Sobald der Klebstoff getrocknet ist, kann musiziert werden.

Art der Aktivität:
Instrumentenspiel

Kinder:
ganze Gruppe

Schwierigkeitsgrad:
★ ☆ ☆ ☆ ☆ ☆

Dauer:
5 Min.

Material:
selbst gemachte Fastnachtsrasseln (siehe oben)

Karnevalsvers

Die Kinder sprechen den Text mit und begleiten sich dabei mit ihren Fastnachtsrasseln.

Hier wird heute viel gelacht,
hier wird heut Musik gemacht.
Mit der Rassel, hört mal her:
Rasseln, das ist gar nicht schwer.

Sprechen und rasseln Sie mehrmals hintereinander und wählen Sie dabei jeweils eine andere Art zu sprechen: laut oder leise, hoch oder tief, langsam oder schnell. Wie klingt der Vers, wenn alle ganz müde, wütend oder traurig sind? Ältere Kinder suchen gerne selbst die nächste Spielform aus.

Faschingszeit im Kindergarten

Art der Aktivität:
Bewegungsgeschichte

Kinder:
ganze Gruppe

Schwierigkeitsgrad:
★☆☆☆☆☆

Dauer:
10 Min.

Material:
selbst gemachte Fastnachtsrasseln (S. 62) oder andere Musikinstrumente

Jedes Kind erhält ein Musikinstrument oder seine Fastnachtsrassel. Lesen Sie die Geschichte vor. Bei dem Wort „Clown" stehen alle Kinder jedes Mal auf, drehen sich einmal um sich selbst, musizieren laut und rufen: „Faschingstag!"

Heute ist die große Faschingsfeier im Kindergarten.
Alle Kinder und auch die Erzieherinnen haben sich verkleidet.
Pascal ist als Löwe gekommen, Jelena als Prinzessin, und Karim hat sich als **Clown** verkleidet. Der **Clown** gefällt Jelena besonders gut.
In der Turnhalle sieht es lustig aus: Da hängen viele bunte Luftballons und Luftschlangen und an der Wand hängt sogar ein großes Bild von einem **Clown**.
Hier können die Kinder tanzen. Viele Prinzessinnen, Indianer, Piraten und **Clowns** drehen sich zur Musik im Kreis.
Jetzt spielen die Kinder Stopptanz: Sobald die Musik ausgeht, bleiben sie stocksteif stehen. Das macht allen viel Spaß.
Im Gruppenraum der Bärengruppe ist das große Faschingsbüfett aufgebaut.
Die Eltern haben lauter tolle Sachen mitgebracht: Es gibt Schokoküsse und Popcorn, Gummibärchen und Würstchen, Lakritzschnecken und eine Gurkenschlange. Anna-Lenas Mama hat sogar Muffins gebacken, die aussehen wie **Clowns**! Wer vom Tanzen genug hat, der kann sich hier stärken.
In der Löwengruppe wird gebastelt. Die Kinder können sich Krachmacherinstrumente ausdenken und aus Glöckchen, Rasseldosen und Pappresten zusammenkleben.
Daniel hat eine gute Idee: Er verziert seine Rassel wie einen **Clown**.
Später machen alle Kinder des Kindergartens eine große Polonaise durch das ganze Haus. Das sieht vielleicht lustig aus! Da fasst ein Gespenst einen Cowboy an den Schultern, hinter dem Cowboy geht ein **Clown**. Und was ist das? Nach dem **Clown** kommt ja noch ein **Clown**! Prinzessinnen und Indianer, ein Vogel und zwei Katzen reihen sich in die große Polonaise ein. Aus der Löwengruppe kommen noch schnell ein Eisbär und ein weiterer **Clown** dazu. Mit großem Hallo geht es durch den Kindergarten. Die Kinderschlange wird immer länger.
Schließlich sind alle Mäuse, Prinzessinnen, Indianer, Zauberer und **Clowns** ganz erschöpft vom Feiern.
In der Katzengruppe ist Platz zum Ausruhen. Hier können die Kinder malen oder ein bisschen in der Bauecke spielen. Es sieht lustig aus, wie die Indianer am Maltisch sitzen und wie ein **Clown** auf dem Bauteppich liegt.
Um zwölf Uhr ist die Faschingsfeier zu Ende und die Eltern stehen vor der Tür.
„Mama, die Feier war toll!", ruft Jelena, die Prinzessin im rosa Glitzerkleid.
„Nächstes Jahr komme ich wieder, und dann gehe ich als **Clown**!"

Inhalt CD

1 Der Winter ist jetzt da
2 Liebe Kinder, es ist Winter
3 Was ziehen wir im kalten Winter an?
4 Uns locken die Flocken
5 Am Vogelhaus
6 Advent, Advent
7 Die schönste Zeit im Jahr
8 Walnuss und Haselnuss
9 Engeltanz
10 In meinem kleinen Apfel
11 Es war mal im Dezember
12 Heut kommt der Nikolaus
13 Ein gutes Neujahr
14 Faschingslied
15 Jahreszeitenlied
16 Playback: Der Winter ist jetzt da
17 Playback: Liebe Kinder, es ist Winter
18 Playback: Was ziehen wir im kalten Winter an?
19 Playback: Uns locken die Flocken
20 Playback: Am Vogelhaus
21 Playback: Advent, Advent
22 Playback: Die schönste Zeit im Jahr
23 Playback: Walnuss und Haselnuss
24 Playback: Engeltanz
25 Playback: In meinem kleinen Apfel
26 Playback: Es war mal im Dezember
27 Playback: Heut kommt der Nikolaus
28 Playback: Ein gutes Neujahr
29 Playback: Faschingslied
30 Playback: Jahreszeitenlied

www.hase-und-igel.de
Lektorat: Insa Janssen, Monika Burger
Satz: Helga Lindemann
Illustrationen: Maryse Forget

ISBN 978-3-86760-862-6
2. Auflage 2022